아프지도 말고
죽지도 말자

국제제자훈련원은 건강한 교회를 꿈꾸는 목회의 동반자로서 제자 삼는 사역을 중심으로
성경적 목회 모델을 제시함으로 세계 교회를 섬기는 전문 사역 기관입니다.

아프지도 말고 죽지도 말자

초판 1쇄 발행 2000년 8월 1일
초판 40쇄 발행 2024년 1월 20일

지은이 정천성

펴낸이 오정현
펴낸곳 국제제자훈련원
등록번호 제2013-000170호(2013년 9월 25일)
주소 서울시 서초구 효령로68길 98 (서초동)
전화 02-3489-4300 **팩스** 02-3489-4329
이메일 dmipress@sarang.org

ISBN 89-88850-29-8 03230

아프지도 말고 죽지도 말자

정천성 지음
옥한흠 목사 추천

국제제자훈련원

추천 사

"제자를 만들라", "성도를 온전케 하라". 이것은 2천 년 전이나 지금이나 변함이 없는 주님의 명령입니다. 하나님께서는 모든 자녀들을 향하여 꿈을 가지고 계십니다. 모든 자녀들이 예수님처럼 되고 예수님처럼 살기를 바라고 계십니다.

예수님처럼 되고 예수님처럼 살기 위해 애쓰는 과정을 제자훈련이라고 말합니다. 주님은 우리가 제자가 될 것을 요구할 뿐만 아니라 다른 사람들을 제자 삼으라고 우리에게 명령하셨습니다. 이 일은 영적 엘리트들에게만 주어진 명령이 아니라 모든 성도들에게 주어진 명령입니다.

최근에 많은 교회들이 이러한 명령에 순종하고자 애쓰는 모습을 볼 수 있는데 참으로 감사 드릴 일입니다. 사람을 키우는 일은 금방 무슨 효과가 나타나는 것은 아니지만 사람을 키우는 것만큼 확실한 일이 없습니다. 사람을 만드는 데 우선을 두고 장기간 투자한 국가나 기업은 절대로 쇠하는 법이 없습니다. 아무리 살벌한 경쟁 사회라 할지라도 살아 남습니다. 제자 삼는 사역을 통해 주님의 모든 백성들이 주님의 손과 발이 되어 세상을 치유하며 주님을 섬기는 부흥의 역사가 물이 바다 덮음같이 온 세상에 가득하게 될 것을 확신합니다.

　제자훈련을 통해 경험했던 놀라운 변화와 은혜를 담담한 어조로 담아낸 「아프지도 말고 죽지도 말자」가 출간된 것을 기쁘게 생각합니다. 이 책은 지은이가 제자훈련을 받는 1년 동안의 경험을 훈련을 받는 평신도의 시선으로 적어내고 있습니다. 지은이 정천성 집사님은 그리 크지 않은 외모를 소유하고 있지만 힘있게 삶을 사는 분입니다. 이 책을 통해 들려주는 그의 솔직한 이야기들을 통해 제자훈련이 주는 아름다운 은혜들을 함께 나눌 수 있을 것입니다.

　이 책을 통해 주님의 명령에 구체적으로 순종하는 자에게 주시는 풍성한 은혜를 함께 누리는 여러분이 되시기를 바랍니다.

옥한흠 목사

prologue
PROLOGUE

이 곳에 제자훈련을 받으며 적었던 제자일기와 과제물을 모아 보았습니다. 제자일기란 제자훈련을 받으며 일상 생활에서 일어나는 일들을 제자훈련생으로서 어떻게 대처했는지 적어 보는 것입니다. 제자일기를 통해 지도자는 훈련생들이 일주일 동안 어떻게 살았는지 알 수 있고 구체적으로 기도해 줄 수 있습니다.

저는 제자훈련을 열심히 받고 싶었습니다. 그 훈련이 제 존재의 의미를 깨닫게 해 줄 것이라 믿었기 때문입니다. 그래서 제자훈련을 시작하자마자 큼지막한 일기장을 구입했습니다. 거기에 하루하루의 삶을 거품없이 성실히 적어나가고 싶었습니다. 제 아무리 바쁘고 급한 일이 있더라도 이 일만은 꼭 하고 싶었습니다. 일기 한줄 한줄이 제 생각과 삶과 가치관이 어떻게 변했는지 보여주리라 믿었기 때문입니다.

훈련을 받으면서 저는 제자훈련이 저를 향한 하나님의 인도하심임을 느꼈습니다. 훈련이 재미있었음은 물론이거니와 함께 훈련받는 형제들과의 만남이 무척 기뻤고 그 시간이 늘 기다려지곤 했습니다. 무엇보다도 그 주에 배운 내용은 다음 한 주 동안 제 삶의 안경이 되어 모든 일을 배운 내용에 비추어 볼 수 있게 했습니다. 사람을 만나서 이야기할 때도, 업무를 처리할 때도 그리고 가정 생활에까지도 그랬습니다. 한마디로 제자훈련에 붙잡혀 살게 되었던 것입니다. 때때로 성경 구절을 암송하다가 차 안에서 감격하여 솟구치던 눈물, 하나님 사랑에 감사하여 정수리에서 발끝까지 짜르르 흐르던 전율 그리고 아내에게 함부로 말한 것이 미안하여 가슴을 치던 모습…. 이런 모든 것을 일기에 적고 말씀 묵상과 각종 과제물에 적용시키고 싶었습니다. 체면 차리지 않고 속에 있는 모든 것을 다 드러내려 했습니다.

그런 글들이 제자훈련을 마칠 때가 되니 제법 되었습니다. 제자훈련을 열심히 받을 수 있었던 것만으로도 더 없이 감사한데 이렇게 책으로 출판되는 열매까지 주시니 모든 것이 하나님의 더없는 은혜입니다.

온 힘을 다하여 지도해 준 김헌 목사님께 진심으로 감사드리며, 또 저를 아껴 주고 사랑해 준 제자반 형제님들에게 사랑의 마음을 전합니다. 아울러 이 책을 출판하는 데 적극 도와주신 국제제자훈련원 여러분들께 깊은 감사의 말씀을 드립니다.

제가 온 마음과 정성을 다해 고백할 말은 이것입니다.

"나의 힘이 되신 여호와여, 내가 주님을 사랑합니다"(시 18:1).

content

겨울

봄

여름

가을

다시 또 겨울

겨울 · 봄 · 여름 · 가을

다시 또 겨울

길을 찾다

제24기 제자훈련에 입학했다. 오랫동안 기다리던 날이다. 다른 사람들도 제자훈련에 나름대로의 각오와 기대를 가지고 있겠지만 나는 남다른 기대가 있다.

2년 전부터 '어떻게 살아야 의미 있게 사는 것인가? 하고 계속 생각해 왔다. 지난 여름부터 가을까지는 이 생각이 머리에서 떠나질 않았다. 당시 내가 처한 상황이 그렇게 생각하도록 만든 것 같다. 사무실은 늘 바쁘고 이상스레 팽팽한 긴장감이 감돌고 있었다. 산소가 부족한 고산 지대처럼 갑갑하고 피곤하였다. 내 일은 독자적인 업무가 아닌 보좌 업무였는데 고시 출신들이 가지고 있던 엘리트 의식이 내 자존심을 서서히 누르면서 마음 속에 열등감이 급격히 자라기 시작했다. 아내는 늦게 퇴근한다고 자주 짜증을 냈고 때론 아이들과 잠들어 있었다. 그런 모습은 내 아픈 상처에 소금물을 끼얹는 꼴이었다.

'나는 누구인가? 무엇 때문에 또 누구를 위하여 이렇게 바쁜가? 어떻게 살아야 보람있게 사는 것일까…' 세상에 영향력을 미치는 사람이 되고 싶었다. 사람들 사이에서 내 외형적인 것에서 자유하고 싶었다. 세상에 영향력을 끼치는 사람이 되려면 어떻게 해야 할까 생각하던 나를 사로잡은 것은 바로 제자훈련이었다.

기다리던 중에 제자훈련 광고가 나왔다. 목 타던 사람이 만난 물줄기였다. 감사하게도 하나님께서 훌륭한 목사님을 모시고 좋은 형제들과 같이 훈련받게 허락해 주셨다. 최선을 다하고 싶었다.

나는 제자훈련 생각 속에 새해를 맞이했다. 그런데 신년 첫날 새벽 갑자기 딸이 배가 많이 아프다더니 맹장수술을 받게 되었다. 그것도 잘못되어 보름 이상을 병원에 있어야 했다. 제자훈련을 잘 받으려니 이런 일도 있구나 하며 웃어 넘기고 말았다.

이런 과정을 겪으면서 제자훈련 입학식을 맞이하였으니 감회가 남다를 수밖에 없다. 옥 목사님은 설교를 통해 '제자훈련은 사람을 완전히 바꾸는 훈련이므로 이 때가 인생에서 가장 중요한 시기다.' 하고 말씀하셨다. 그러면서 '사람은 하나님을 영화롭게 하고 기쁘시게 해야 한다. 제자훈련은 하나님과 나와의 깊은 사귐을 갖는 과정이 되어야 한다. 성경 속의 위대한 인물의 공통점은 하나님 앞에 자주 나간 것이었다. 따라서 제자훈련 동안 하나님과 깊이 사귀는 여유와 폭이 있어야 하니 최선을 다해 많은 은혜 받기 바란다.'고 하셨다. 내가 평소 고민하던 문제에 대한 해답이었다. 길을 찾았다는 느낌에 가슴이 후련하였다.

이 훈련에 임하면서 나는 말씀 앞에서 나의 모든 가식된 허울을 벗고, 나의 실체를 솔직히 드러내고 성도 간에 교제하며, 때로는 회개의 눈물을 흘리며, 하나님께서 태초에 불어넣어 주신 순수한 영적 상태로 돌아가고 싶다.

나의 제자훈련 배의 돛은 올려졌다. 순풍을 만나든지 역풍을 만나든지 나의 도움이 되는 하나님의 손에 의지하여 최선을 다할 것이다. 항구에 닿는 그 날까지, 이제 시작이다. 출발! (99. 1. 24)

있는 모습 그대로

제자훈련이 시작된 후, 내 마음은 훈련에 사로잡혀 한 순간도 다른 곳으로 떠나질 않는다. 우리 제자반의 다른 형제들도 마찬가지임을 금방 알 수 있었다.

이번 모임 장소인 C형제님 댁에 20분 전에 도착해 보니 다른 형제들은 벌써 다 와서 웃음꽃을 피우고 있었다.

공부가 시작되자 목사님은 내 마음을 알고 있는 것처럼 '아내를 있는 그대로 사랑하자.'고 하셨다. 그렇지 않아도 요즘 아내를 향한 미운 감정이 있어서 마음이 편치 않던 터였다. 요 며칠간 아내는 무엇이 못마땅한지 내게 비아냥거린다. 그래서 아내에게 심하다 할 정도로 말을 함부로 했다. 그러니 마음이 편할 리가 없었다. 목사님은 말씀을 통하여 구체적으로 내 마음을 만졌다. 그렇지만 아내에 대한 서운한 감정은 그대로 남아 있었다. 목사님은 왜 아내를 사랑해야 하는지 말하고 조용히 찬양을 인도하였다. 그런데 그 때 내 눈에서 알 수 없는 눈물이 솟았다. 흐느낌 없이 맑은 눈물이 뚝뚝 떨어졌다. 다른 형제들 보기에 민망하여 눈물을 계속 닦았을 뿐이다.

얼마 후 마음에 평안함이 밀려오더니, 아내를 내 마음의 잣대로 잴 것이 아니라 있는 그대로 사랑하자는 마음이 들었다. 예수님이 이 모습 이대로 나를 사랑한 것처럼 말이다. 마음에서 이미 격려와 위로와 감사의 말이 샘솟고 있었다.

(99. 2. 7)

"이제 떨어지세요."

이번 생활숙제는 아이들 앞에서 아내를 꼭 안아주며 '얘들아, 아빠가 엄마를 이렇게 사랑한다.'고 말하기와 출퇴근할 때 다정히 포옹하며 '사랑합니다.' 하고 말하는 것이었다. 용기를 내 그대로 실행하였다. 그랬더니 아내나 아이들 모두가 좋아했다. 오늘도 아이들 앞에서 아내를 꼭 안고 있었더니 아이들이 "이제 떨어지세요." 하며 양쪽에서 잡아당기며 웃었다. 자녀들에게 최고의 선물은 자기를 낳아준 엄마를 아빠가 사랑해 주는 것이란 말이 실감났다. 수고하고 애쓰는 아내에게 이제 푸근하고 따뜻하게 의지할 수 있는 가슴이 되어주어야겠다. 이제 아내 얼굴은 한층 밝아지고 매사에 감사한 마음과 적극적인 생활로 바뀌었다.

앞으로 계속 이런 마음과 자세로 아내를 대할 것이다.(99. 2. 11)

밀물 은혜 기다리다

나는 지금 제자훈련 시간을 기다리고 있다. 사무실은 조금 전만 해도 부산하더니 이제 외딴 섬처럼 고요하다. 직원들이 설 연휴를 맞아 귀향 길에 오르려고 썰물처럼 일시에 빠져나갔기 때문이다.

나의 마음은 밀물이 한창이다. 생명력이 밀물의 세력처럼 약동하고 힘찬 바람소리와 훨훨 갈매기의 가슴 벅찬 노랫소리까지 느껴진다. 나는 현재 은혜의 밀물을 맞을 준비를 하고 있다. 몇 시간 뒤인 6시부터 우면동에 있는 J형제님 댁에서 열릴 세번째 제자훈련에 참석할 예정이다. 매우 기다려진다. 제자훈련 모임 때마다 받은 은혜가 적지 않았고, 형제들과의 교제 또한 즐겁기 때문이다.

숙제를 다시 챙기고, 정성을 다하여 예습을 하고, 큰 은혜 받기 위해 기도하고, 우면동으로 갈 것이다.(99. 2. 13)

이 책을 읽으며 새롭게 느낀 점은 부부간의 애정 표현의 중요성이다. 책 앞부분에 기록된 말들이 내가 결혼 생활을 하면서 느꼈던 궁금한 사항을 해결해 주었다. 일반 잡지를 읽어서 부부 생활 테크닉에 대해 조금은 알고 있었지만 이 책처럼 남녀 차이와 부부 생활의 중요성과 그것이 생활에 미치는 영향에 대하여 설득력 있게 말한 것은 보지 못했다. 이 책의 저자가 쓴 다른 책 '화성에서 온 남자, 금성에서 온 여자'를 통하여 여자와 남자의 근본적인 차이점을 이해할 수 있었는데 나아가 이 책에서 침실에서 발생하는 또 다른 차이점이 있다는 것을 알게 되었다.

그 동안 부부 생활 하면서 아내를 이해할 수 없었던 점이 있었다. 잠자리에서 내가 많이 접근해도 별 반응이 없고 또 피하는 듯한 느낌을 받기도 하였다. 그럴 때마다 불만이 생겼고 때로는 '이 여자가 뭐가 잘못된 것 아냐?' 하고 생각한 적도 있었다.

가슴에서 부글부글 끓는 불만을 꾹 참고 잠을 자려니 깊은 잠을 못 잤다. 아침 기분이 흐린 것은 당연하였다. 상태가 이러하니 하루가 의욕적이고 창의적이 될 리가 없다. 계속되는 스트레스와 아내에 대한 불만으로 나는 침대에서 아내는 바닥에서 서로 떨어져 잔 적도 많았다. 부부 생활이 이렇게 되어 영적인 상태도 바닥을 헤매게 되었다. 전심으로 기도한다는 것은 희망 사항이요 말씀에 깊이 몰입한다는 것은 '아! 옛날이여' 되었던 적이 한두 번이 아니었다. 느는 것은 짜증이요 생기는 것은 아내에 대한 원망 비슷한 마음이요 눈길은 스포츠신문 연예란이나 속옷 광고 모델 또는 지나가는 여인들에게 쏠렸다.

무엇인가를 채우지 못하여 두리번거리는 모양이었음을 고백한다. 이러다가도 때가 되어 부부 생활이 원만하면 그런 일이 언제 있었냐는 듯 짜증은 사라지고 온순하고 의욕적이고 영적으로도 새로운 사람이 되었다.

'안아주기'

설날을 맞아 고향에 내려왔다. 저녁에 부모님과 형제 자매가 한 자리에 다 모였다. 아버지가 주재하여 가정예배를 간단히 드렸다. 예배를 마칠 때, 얼마 전 제자훈련에서 배운 '안아주기'를 시도하였다. 서로 안아주며 '사랑합니다.' 하고 고백하는 것인데 내게 매우 인상적이었다. 시골에 내려가면 꼭 시도해 보겠다고 결심한 것이었다.

자식도 품안의 자식이란 말처럼 부모 형제라도 서로 떨어져 있으면 좀 낯설고 어색한 경향이 있다. 그래서 서로 안아주며 사랑한다고 고백하는 것이 중요하다고 생각하고 시도하게 되었다.

식구들 모두가 서로 돌아가며 꼭 안고 '사랑합니다.' 말하였다. 처음에는 어색해 했으나 곧 자연스러워졌다. 나는 다 커 버렸어도 부모님의 품안에 안기는 그런 자식이 되고 싶어서 열심히 안기며 큰 소리로 사랑을 고백했다.

하지만 '안아주기'가 끝난 다음 동생과 조카와의 말다툼이 시작되어 분위기가 엉망이 되고 말았다.(99. 2. 15)

일일신 우일신

제자훈련에서 공부할 교재를 예습했다. 이번 주 내내 다른 일을 계속하다가 모임이 코 앞에 닥쳐서야 준비하는 모습이 좋아 보이지 않았다. 깊이 있는 예습도 되지 않았다.

오늘 모여서 목사님과 같이 공부하다 보니 굉장히 깊이 있는 예습이 필요함을 느꼈다. 교재에 있는 물음에 단답식으로 답만 적는 수준의 예습으로는 될 일이 아니었다. 그 말씀의 배경을 이해하고, 그 때에 예수님께서 적용한 원리를 발견하고, 그것을 현 상황에 비추어 추론하여 새로운 문화를 창출하는 수준까지 요구되었다. 그러한 요구에 부응하기 위해선 정말 깊이 있는 성경공부가 필요했다. 제자훈련에 임하는 자세를 새롭게 가다듬고 철저히 준비할 일이다.

공부중에 약간의 어려움이 있었다. J형제가 갑자기 배탈이 나서 몹시 힘들어하며 먼저 나가야겠다고 했다. 목사님은 공부를 마쳐야 한다고 하시며 우리가 손잡고 힘을 합쳐 기도했다. 잠시 후 J형제는 견딜 만하게 되었다며 끝까지 공부에 참여했다. 이런 어려운 상황을 맞아 요동함이 없이 꿋꿋이 버티며 이겨 나가시는 목사님의 모습 속에서 믿음직한 목자의 모습을 보았다.(99. 2. 20)

내 삶의 참 주인

제자훈련을 받고 있는 훈련생이기에 전도에 관심을 가져야겠다고 생각했다. 그 실천 방법으로 주일인 어제 옥 목사님 설교 2편이 담긴 소책자 스무 권을 샀다. 아침에 각 책을 청장님, 차장님 그리고 국장님과 우리과 직원들 가운데 예수님을 아직 영접하지 않은 직원들에게 나눠주었다. 하나님의 인도하심을 믿는다.

지금까지 국세청이 비리의 대표적 기관으로 인식되었다. 지난 해 세상을 시끄럽게 한 세풍사건이 한 예다. 나는 청·차장님을 비롯하여 국장님과 과장님 전 직원이 예수님을 바르게 믿어 국세청이 바르고 정의가 지배하는 조직으로 거듭나기를 간절히 바란다.

제자훈련 숙제로 '파인애플 이야기'라는 소책자를 읽었다. 쉽게 읽고 지나칠 내용이 아니었다. 그 책은 진정한 헌신이란 무엇인가 하는 점을 이야기하고 있다.

나의 모든 삶의 영역에서 내가 주인이 되어 주장하거나 또 나 자신이 단 위에 설 것이 아니라 주님 앞에 모든 것을 드리고 주님께서 기뻐하시는 도구로 쓰임받기를 바라야 하며 그 길이 가장 성공하는 길임을 느꼈다. 왜냐하면 나의 모든 것을 아시는 하나님이 나를 가장 합당하게 또 가장 효과적으로 인도하시리라는 것을 믿기 때문이다.

시간 사용에 대하여 생각해 본다. 지금 근무하고 있는 기획실이 너무 바빠서 개인 시간이나 가족과 함께 보낼 시간이 없다고 짜증을 많이 냈다. 그리고 가능하면 다른 부서로 도망가고 싶었다. 그런데 이제 생각이 달라졌다. 주어진 환경에서 최선을 다하는 것이 헌신이며, 때가 되어 하나님께서 필요하시다면 나를 다른 길로 인도해 주실 것을 믿기 때문이다. 나의 모든 것을 주님께 드려 주님께서 기쁘신 뜻대로 나를 인도하실 것을 기대하며 감사하게 생활할 일이다.(99. 2. 22)

삶의 중심 잡기

시간이 빠름을 절감한다. 이렇게 시간이 빠르게 느껴질 때일수록 중심을 정확히 잡고 서서 흔들리지 않고 목표를 정확히 바라봄이 중요하다. 나의 삶의 중심에는 제자훈련이 자리잡고 있어 세월의 물살에 밀리지 않고 있으니 다행이다.

제자훈련 숙제를 밀렸다가 한꺼번에 하려니 힘들다. 다음부터는 그날 그날 숙제를 완료하여 심적 부담을 덜고 더 깊이 생각하여 알차고 나를 변화시키는 숙제를 하겠다.(99. 2. 23)

신앙 낚시

오늘은 신앙의 질적 변화에 대하여 생각해 보았다. 지금 받고 있는 제자훈련을 잘 받는다면 신앙이 훨씬 높아져서 훨훨 높이 날아오를 거라 기대한다. 애벌레가 나비가 되어 날아다님같이. 그렇게 되면 나의 삶에서 더 많은 자유와 풍요로움을 누릴 것이다.

앞으로 내가 생활하는 가운데 모든 것 심지어 생명까지도 주님께 맡기고 살기로 결심한다. 주님께서 나를 최선의 길로 인도하심을 믿기 때문이다.

성경 말씀을 잘 알아야 할 필요성을 느낀다. 특히 신약성경은 더 깊이 알고 싶다. 전에는 약간의 의무감과 성경을 알기 위해서 성경을 읽었다면, 이제는 삶에 적용하기 위해서 성경을 읽어야 할 일이다. 성경 말씀을 철저히 배워서 그대로 순종하겠다. 이 길이 가장 큰 이익을 얻는 방법이라고 믿기 때문이다.

큰 물고기 잡으려면 깊은 곳에 낚시를 드리워야 한다. 믿음이라는 굵은 낚싯줄에 순종이라는 낚싯봉을 매달고 헌신이라는 큰 미끼를 써야 가능할 일이다. 고래 잡으려는데 가느다란 낚싯줄에 멸치 한 마리 매달아서는 될 일이 아니다.(99. 2. 24)

이번 주 설교는 10분이 넘지 않은 짧은 설교였으나 그만큼 함축된 깊은 의미가 있었다. 마취제 클로로포름을 발견한 제임스 심슨 경이 임종을 맞이하고 있을 때, 그는 한 제자로부터 이런 질문을 받았다. "선생님이 이 세상에서 발견한 것 중 최고의 가치가 있는 것은 무엇이라고 생각하십니까?" 심슨은 "예수님께서 나를 위해 죽으시고 나를 구원했다는 사실"이라고 대답했다.

임종에 참석한 많은 사람들은 예상 외의 답에 놀랐다고 한다. 복음의 빛으로 중국을 밝힌 허드슨 테일러는 이렇게 말했다. "구원은 얼마나 대단하고 큰 선물인가! 이것만큼 큰 은혜가 어디 있는가!" 나는 위 두 분의 말에 전적으로 동의한다.

나는 전에 영적으로 죽었던 존재다. 그런데 하나님께서 아들을 이 땅에 보내주시고, 그로 하여금 나의 죽음의 잔을 기꺼이 마시게 하심으로 나를 죽음에서 생명으로 옮겨놓았다. 이후에 육신의 죽음을 맞이하는 날에 천국에서 영원히 살 수 있으니 이보다 위대한 일은 없다.

구원이 최고의 선물임을 더 말할 필요가 없다. 가만히 생각해 보니 이 세상에서 예수 믿어 구원 얻는 것만큼 출세하는 일은 없을 것이다. 한때 천하를 호령하던 수많은 사람들도 예수님을 몰랐다면 예외 없이 지옥에 있을 것이다.

이렇게 보면 예수 믿는 나는 영원한 생명을 얻고 천국에 갈 수 있게 되었으니 이 세상에서 크게 출세한 사람 중 하나임이 틀림없다.

앞으로 내가 이 땅에서 살아가는 동안 갖게 될 어떠한 지위나 또 만나게 될 어떤 상황도 나를 지배하지는 못할 것이다. 나의 가치는 이 세상에서 갖게 될 지위나 명성에 있지 않음이다. 이런 사실을 알면서도 때때로 세상적인 것 앞에서 위축되고 초라하게 느껴질 때가 있으니 이 나약함을 부인할 수 없다.

제자훈련 시간에 나는 우주의 황태자라는 사실을 알았다. 하나님은 우주의 황제이시고 나는 그분의 자녀가 되었으니 옳은 말이다. 이 말이 내게 자부심을 갖게 했다. 이제 세상적인 것이 나를 위축시키려 하면 이렇게 정중하게 말할 것이다. "그대는 고이 떠나소서. 아무래도 주소를 잘못 찾아 오셨나 봅니다. 문전박대하여 미안하지만 앞으로는 나를 찾을 생각도 마시고 가능하면 이 지구를 떠남이 좋을 것 같습니다."

나는 나를 위해 죽으신 예수 그리스도의 뜻에 따라 살아갈 것이다.

엉터리 하루 안녕!

제자훈련 모임이 있는 날이다. 사무실은 전국 관서장회의 날짜가 결정됨에 따라 무척 바쁘다. 공부 때문에 먼저 가겠다며 인사하고 나오기는 했지만 마음이 편치 않았다. 숙제를 모두 마무리하지 못해 더욱 그랬다.

모임 장소는 J형제님 댁이었다. 집안의 모든 가구와 장식에서 품격이 느껴졌다. 형제님들이 모두 모였다. 몇 번 만나지 않았지만 벌써 친해져서 아주 친밀감 있게 설날 연휴에 재미있었던 이야기를 주고받았다. 내가 보기에는 우리 반 형제들 모두가 성품이 좋아서 모이면 분위기가 늘 좋다. 맛있는 저녁을 먹으면서도 대화는 계속되었다.

이번 주 공부할 주제는 '기도'였다. 공부가 진행되면서 몰려오는 졸음을 쫓느라고 힘이 들었다. 이것을 아신 목사님이 두 번이나 질문을 하셨다. 모두 엉터리로 답을 하고 말았다. 공부를 모두 끝내고 목사님께서는 지난 주 과제물을 형제들에게 나눠주시며, "정천성 형제만 과제물을 내지 않았습니다." 했다. 연휴 중에는 다른 과제물은 없다고 말씀하신 것을 잘못 이해해 제출하지 않았던 것이다. 마음이 상했다. 속으로 '오늘은 일이 안 풀리는 날이구나.' 하고 생각하였다.

이런 일이 앞으로는 없을 것이다.(99. 2. 27)

섬김, 기쁨의 샘

이번 주 제자훈련 생활숙제는 지역 담당 목사님께 정성이 담긴 조그만 선물 하기였다. 이 생활숙제의 배경은 제자훈련을 받는 훈련생은 섬김을 배워야 한다는 것이었다. 이 말에 전적으로 동감했다. 그래서 먼저 지역 담당 목사님이신 M목사님께 감사의 뜻을 담은 편지를 썼다. 교회 서점에 가서 2만 원짜리 도서상품권을 구입하여 편지와 함께 교역자실로 가서 M목사님을 뵙고 제자훈련 숙제라며 드렸다. 목사님께서도 숙제라니 감사하게 받겠다며 받으셨다. 섬김에는 언제나 기쁨이 넘쳐나니 신비한 일이다.(99. 2. 28)

새벽 무릎을 향해 전진

지난 주에 이어 옥 목사님의 설교가 담긴 소책자시리즈3을 예수 믿지 않는 직장내 간부들과 직원들에게 나누어주었다. 이 작은 책자를 받아보는 사람마다 예수님 앞으로 나오는 역사가 있기를 간절히 기도한다. 이분들을 위하여 날마다 기도하기를 원하지만 실행하지 못한다. 많이 부족한 부분이 기도임을 절감한다. 한번 무릎 꿇었다 하면 30분 이상 깊은 기도를 하고 싶은데 그러지 못하고 틈틈이 토막기도 정도이다. 가장 좋은 시간은 조용한 새벽이라는 것을 알면서도 실천에 옮기지 못하고 있다. 지난 주에 배운 것처럼 기도하는 시간을 따로 떼어내어 기도해야겠다.(99. 2. 28)

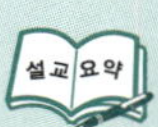 설교요약

네가 나를 더 사랑하느냐? (옥한흠 목사)

부활하신 주님은 이른 아침 갈릴리 해변에 나타나셨다. 그 곳에서 밤새도록 고기 잡느라 고생한 제자들과 구운 떡과 생선으로 아침 식사를 하셨다. 식사를 마친 후, 예수님은 베드로에게 "요한의 아들 시몬아, 네가 이 사람들보다 나를 더 사랑하느냐?" 하고 물으셨다. 베드로가 그렇다고 대답하니 주님은 내 어린양들을 먹이라고 말씀하셨다. 예수님은 또다시 베드로에게 "네가 나를 사랑하느냐?"고 물으셨다. 베드로는 "그렇습니다. 내가 주님을 사랑하는 것을 주님이 아십니다." 하고 거듭 대답하자 예수님은 "내 양을 쳐라."고 말씀하셨다. 예수님은 이어서 베드로에게 똑같은 질문을 하였다. 이 때 베드로는 슬픈 표정을 지으며 "주님, 주님은 모든 것을 아십니다. 내가 주님을 사랑하는 것을 주님이 아십니다." 대답했다. 그러자 예수님은 "내 양을 먹여라. 내가 분명히 너에게 말해 둔다. 네가 젊었을 때는 스스로 네 옷을 차려 입고 원하는 곳에 마음대로 다녔으나 네가 늙으면 너는 팔을 벌리고 다른 사람이 네 옷을 입혀 네가 원하지 않는 곳으로 너를 데려갈 것이다." 하고 말씀하셨다.

예수님은 베드로에게 무려 세 번에 걸쳐 '네가 나를 사랑하느냐?' 라는 질문을 하였다. 왜 예수님은 이렇게 사랑하느냐는 질문을 거듭거듭 했을까? 거기에는 다음과 같은 깊은 의미가 있다고 한다.

먼저는 베드로의 영적인 상처를 치유하기 위해서다. 전에 베드로는 주님을 위해서 목숨까지도 바치겠다고 호언장담했지만 예수님이 잡히자 그를 모른다고 부인했다. 이 영향으로 말 못 할 괴로움이 그의 심신을 지치게 했을 것이다.

더 베드로를 괴롭게 한 것은 예수님이 따뜻한 눈길로 '나를 사랑하느냐?' 고 거듭거듭 물어보신 것이었다.

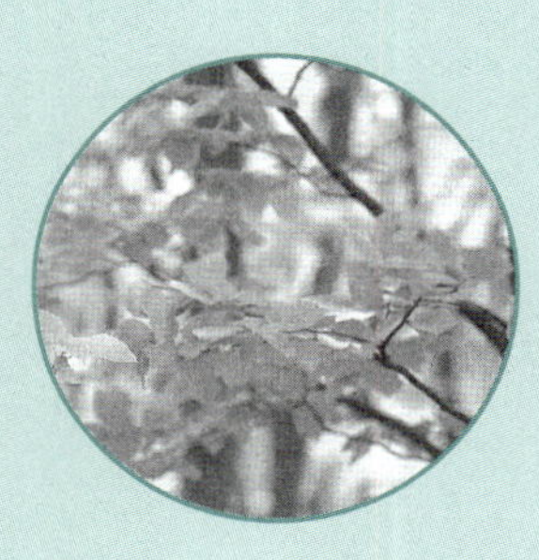

겨울·봄·여름·가을·겨울 그리고 다시 또 겨울

설거지 인격

이번 주 제자반 생활숙제는 아내 대신 설거지하기였다. 아침에는 설거지할 시간이 없기 때문에 저녁에 설거지를 했다.

저녁에 늦는 날에는 아내에게 전화해 설거지를 하지 말고 그대로 주방에 놓으라고 했다. 아내는 그렇게까지 할 필요가 있느냐고 말했다.

'제자훈련 중에는 아프지도 말고 죽지도 말자'는 제자훈련 구호도 있듯이 제자훈련은 대단한 각오를 가지고 받아야 한다고 생각했다. 또한 제자훈련은 사람의 인격을 변화시키는 훈련이다. 따라서 제자훈련의 모든 숙제가 여기에 초점을 맞추고 있기에 조그만 생활숙제도 허술하게 넘어갈 수는 없는 일이었다. 이 내용을 아내에게 말했더니 협조해 주었다.

내 성격이 조금은 깔끔해 설거지를 해도 대충하지 않아 속 때까지 깨끗이 닦아놓으니 윤기가 흘렀다. 아내는 감탄하며 좋아했다. 아이들도 소매를 걷어붙이고 돕겠다고 달려들었지만 정중히 사양했다. 설거지하며 상쾌한 기분을 느꼈고 아내의 수고에 감사하게 되었다. 아내가 마음을 열고 기뻐하니 나도 기쁘고 아이들도 좋아해 깨끗이 닦인 접시처럼 서로의 얼굴에서 빛이 났다.(99. 3. 5)

당신은 위대한 사람입니까?

제자훈련 모임에서 무엇이 바른 기도인지에 대해 배웠다. 공부할 단원의 서문을 다 읽고 목사님은 나에게 이런 질문을 하였다. "형제님은 읽은 내용 중 어느 구절이 가장 가슴에 와 닿습니까?" 나는 솔직하게 답변하였다. '오늘날 이 세상에서 가장 위대한 사람은 기도하는 사람이다. 그들은 시간이 없다. 다른 어떤 일에서 시간을 떼어내야만 한다.' 라고. 목사님은 또 질문하셨다. "형제님은 그렇게 합니까?" 나는 당황하며 그렇지 못하다고 말했다.

기도할 때는 우선권을 기도에 두고 시간을 뚝 떼어 무릎 꿇고 모든 것을 내려놓고 기도해야 하는데 그렇게 하지 못해 안타깝다.

핑계를 대자면 이번 주에 큰 행사를 준비해야 했고, 또 아내의 빈정거림이 방해가 되었다. 아내는 내가 제자훈련 받게 되었다고 그렇게 좋아하더니만 얼마 전부터 내 말에 꼬투리를 잡고 슬슬 빈정거렸다. 전 같았으면 언성을 높이고 화를 내며 심한 말도 했을텐데 제자훈련을 받고 있으니 그럴 수도 없어 꾹 참아야만 했다. 그렇게 마음 속에서 삭혀야만 했기에 깊은 잠을 자지 못했고 신경이 예민해져 아침에 기도하기가 어려웠다.

아무리 생각해도 이상하다. 생각으로는 기도만큼 쉬운 것이 없다. 그런데도 쉽지 않은 것이 기도임을 안다. 그래서 고든은 기도하는 것이 위대하다고 하였나 보다.

기도, 그것은 내 것으로 만들어야 할 제1목표.(99. 3. 6)

'섬김'알을 낳는 거위

제 자반 모임이 있는 날이다. 내 친구들과 친구의 아내들이 아이들과 함께 우리 집에 예고 없이 방문했다. 친구들은 당구 치러 나가서 없고, 집안에는 부인들과 아이들로 가득 차 있었다. 아이들이 뛰어다니며 노는 모습은 만조된 바다의 물결처럼 힘차고 생동감이 있었다. 친구들을 못 보고 공부하러 갔다.

제자반 모임은 행복했다. 예수님 안에서 누릴 수 있는 기쁨을 조금씩 알아가고 있다. 목사님의 모습도 아주 부드러웠다. 목사님께서는 제자훈련은 주중에 열심히 하는 것이고, 모임은 자유스럽게 즐기는 자세로 갖자고 하셨다. 그 동안 조금 경직되어 있었는데 그 말을 들으니 마음 문이 열리고 더욱 활기를 띄게 되었다.

오늘 공부는 참으로 색다르며 도전적이었다. 시각의 범위를 우주적으로 넓히는 계기가 되었다. 아울러 나 자신의 본질적인 모습도 알 수 있었다.

나의 하나님 아버지는 온 우주를 소유한 우주적인 부자이며, 나는 그의 사랑받는 아들이다. 남을 대접하기 위하여 아버지께 구하면 가장 좋은 것으로 받는다. 그러므로 이제 나는 하나님의 복을 나누어주는 통로로 복의 근원이 되어 남을 대접하는 인생을 살아야 함을 알았다. 이 얼마나 기쁘고 설레는 말씀인가! 나의 삶에서 섬김의 황금알을 낳는 거위 같은 인생을 살 수 있도록 하나님 아버지께서 보장하셨으니 말이다. 예수님이 그런 삶의 모범을 보이신 것처럼 내가 희망의 사랑의 친절의 위로의 모습으로 궁핍을 돌아보며, 생명을 구하는 황금알을 낳아 필요한 사람에게 나눠주는 그런 삶을 살아야 한다.

공부를 마치고 집에 늦게 돌아와 보니 친구와 그 아내들은 다 가고 아내와 애들은 잠들어 있었다. 한 친구에게서 잘 대접해 줘서 감사하다는 전화가 왔다.

내용을 들어보니 이러했다. 이 친구는 5년 전 직장에서 나와 공부한다고 했지만 계속 불운을 안았다. 그래서 부부 사이도 멀어지고 자신감도 없어져 외로움과 괴로움의 나날을 보냈다. 그러던 중 경찰간부후보생 시험에 합격하게 되어 어려웠던 모든 것이 회복되었다. 이 사실을 내 아내가 알고 케이크를 사다가 그 동안 수고했다며 고생 끝에 낙이라며 축하해 주었고, 그 친구 아내에게도 어려운 시절을 잘 극복하고 오늘같이 좋은 일을 맞이한 것은 그 동안 수고한 결실이라고 위로하며 뜨거운 박수로 축하해 주었다고 했다.

아내가 오늘 공부한 내용을 나대신 실천한 것 같아 감사하고, 남을 섬기는 아름다운 마음을 간직하고 잠들어 있는 아내 모습이 밉지만은 않다.(99. 3. 7)

굿모닝 축복기도

이번주 생활숙제는 '아이들이 잠에서 깰 때 축복기도 해주기'였다. 아쉽게도 나는 이 생활숙제를 제대로 할 수 없었다. 왜냐하면 아이들이 한참 자고 있는 시간인 7시에는 출근해야 하고 또 아이들 모두가 깊이 잠들어 있는 밤 11시나 되어야 집에 들어오기 때문이다. 그래서 늦은 밤에 들어와서 아이들이 잠자는 모습을 보면서 기도해 주고, 새벽에 나갈 때 기도하며 축복하였다. 아이들은 잠결에 내 기도 소리에 놀라 몸을 뒤척이며 싫다는 표정을 지었다. 전에는 가정예배 때 늘 안고 기도해 주었는데 인사 이동이 되어 현 부서로 온 후로는 까마득히 잊고 있다가 이렇게라도 기도해 주니 느낌이 새롭다. 아이들에게 미안한 마음뿐이다.

나중에 시간적 여유가 있는 부서로 옮기면 잊지 않고 이 생활숙제를 실천할 것이다.(99. 3. 12)

우주의 황태자다운 말

제자반에서 부부 동반으로 안성수양관에 갔다. J형제를 제외하고는 모두 모였다. 아내는 다른 형제님들의 아내들과 어울렸고, 하준이는 제 세상을 만난 것처럼 종횡무진 뛰어다녔다. 수양관에서 주말교회를 시작하는 축제분위기와 제자반 형제들의 우애가 어우러져 우리 제자반 형제 모두는 하나같이 즐거웠다. 정갈하고 맛있는 저녁 식사가 있어 더욱 즐거운 밤이었다. 웃음소리가 끊이지 않았다. 우리는 둥그렇게 모여 앉아서 기도회를 열었다. 앞으로는 더욱 힘을 합하여 제자훈련을 성공적으로 마무리하자고 다짐도 하였다.

제자반에서 느끼는 재미 외에도 수양관에서 주관하는 행사 또한 흥미로웠다. 나는 '주말교회'라는 4행시 응모전에 당선되어 옥 목사님이 지은 책 '제자훈련 열정 30년, 그 뒤안길의 이야기'를 받았다. 「주말교회 이 곳엔 가족사랑이 별빛처럼 흐르네, 말로 어찌 다 표현하리요 은혜로 물댄 동산, 교회문화 새롭게 잉태하여 태어났도다, 회복과 쉼의 터전 이 곳은 주님의 품속이라.」

집으로 돌아오는 차 안에서 나는 아내로부터 나의 약점을 알게 되었다. 이야기의 발단은 이러했다. J형제가 화이트데이 이야기를 하며 사탕을 한 개 내게 주었다. 귀현이와 아내가 있어 두 개가 필요하다며 한 개를 더 얻어 아내에게 주며, "자기는 아무것도 내게 주지 않았지만 나는 이것을 준다."고 하였다. 솔직히 무심결에 한 이야기인데 아내는 이 말을 문제삼았다. "와 남들 앞에서 나를 무시해. 자기의 열등감을 감추기 위해 그렇게 말할지 모르지만 그게 바로 자기의 열등감을 드러내거나 자기비하를 하고 있는 거야. 그런 말은 절대 겸손함이 아니야." 하였다. 가슴이 뜨끔했다. 이와 똑같은 소리를 직장 동료한테 들었기 때문이다. 곰곰이 생각해 보니 언젠가부터 내 마음 속에는 자기비하나 열등감 같은 아주 추한 물이 고여 있다는 것을 알았다. 그것이 어떤 결정적인 순간에 자연스럽게 튀어나오는 것 같았다. 예를 들면, '나 같은 사람이 어떻게 그런 큰일을 할 수 있겠습니까?' 하는 말이나 '나 같은 졸병이 그런 부탁을 받을 수 있겠습니까? 과장님이나 국장님께 부탁하시죠.' 하는 말들이었다. 그런 부탁을 받으면 솔직히 귀찮아서 거절하는 방법으로 그런 말을 하긴 했지만 잠재의식 속에 숨어 있는 열등감이 작용한 말인 것 같다.

　제자훈련에서 배운 것처럼 우주의 황태자요, 미래에 무한한 가능성을 가진 위대한 인물인 내게 부정적인 언어는 어울리지 않는다. 적극적인 언어가 내게 맞는 말이다. 내 성격이 변하면 언어도 변할 것이다. 적극적인 말이 내 것이 될 날도 멀지 않았음을 확신한다.(99. 3. 13)

대화, 가정의 비타민

오늘 제자반 모임은 Y형제님 댁에서 있었다. J형제님이 여러 가지 사정으로 제자훈련을 그만두기로 했다고 한다. 피치 못할 사정이 있었겠지만 첫마음으로 끝까지 견디어 같이 공부하고 수료했다면 얼마나 좋았을까 하는 아쉬움이 크다. 삶의 선배로서 또 풍부한 학식으로 내게 많은 도움이 될 텐데….

공부 마무리 단계에서 목사님께서 성경 앞에 '내가 복종시켜야 할 일'에 대하여 발표시켰다. C형제님이 아내와의 불화에 대하여 말씀하셨다. 외형적으로 부부이긴 하나 내면으로 들어가면 완전 남남으로 다른 세상을 구축하고 계시다고 하셨다. 아이들도 엄마 편을 들기 때문에 가정에서 외로움을 느끼고 있으며 왕따 된 느낌이라는 것이다. 그러니 젊은 사람들은 이런 꼴을 당하기 전에 미리미리 준비하라고 하셨다. 심지어는 '가정에서 평안하고 화목을 이룬다면 세상에 못할 것이 없을 것 같다.'고까지 하셨다. 얼마나 가슴에 사무쳤으면 그렇게까지 말할까 하는 마음도 들었다.

생각해 보면 이 말은 남의 말이 아니다. 바로 나의 이야기였다. 다른 많은 분들도 여기에 동의했다. 지난 두세 주 동안 아내와의 사이가 냉랭했다. 내 입장에서 보면 아내는 너무 비판적이고 또한 다정함이 없었다. 아이들은 나를 죽고 못 살 듯 따르며 좋아해도 밤에는 제 엄마하고 같이 기도하고 잠을 잤다. 마음이 좋지 않은 날이 하루 이틀이 아니었다. 원인은 여러 가지겠지만 주된 이유는 대화 부족이었다. 가슴에 쌓인 스트레스를 풀지 못했기 때문일 것이다. 대화를 많이 한다면 난마처럼 얽힌 상한 마음도 한 가닥씩 풀릴 것이다. 풀다가 너무 엉켜서 도저히 풀리지 않을 때 섭섭한 눈물을 뿌려서 부드럽게 하고, 듣는 이가 상대방의 입장에서 이야기를 듣는다면 매끄러운 기름이 되어 일사천리로 풀리게 마련이다. 그러한 것을 다 토하듯 풀어 내놓으면 마음 문이 열려 상대를 포용할 공간이 생길 것이다.

우리 집에 이런 분위기가 느껴진 것은 작년 8월 중순부터다. 국세청 기획실로 자리를 옮기면서 매일같이 귀가 시간이 늦어졌다. 귀가해 보면 아내는 아이들과 함께 잠자고 있었다. 당연히 이것은 내 불만 사항이 되었다. 아침밥과 출근에 필요한 옷도 대충이었다. 아내에 대한 불만이 커 가며 별 대화도 없었다.

아내는 아내대로 심정이 복잡했다. 남편 월급이 너무 적어 살림에 턱없이 모자라 나름대로 밖에 나가서 돈벌이를 하노라니 회사에서 또 고객으로부터 받는 스트레스가 이만저만이 아니었다. 전적으로 일에 매달리자니 아이들이 걸렸다. 귀현이는 1시 30분이면 학교 갔다가 집에 오는데 엄마가 없으니 밖에서 배회하고 그렇지 않으면 집 앞 계단에서 한 시간 이상 앉아 있으니 안타까운 일이다. 또 하준이는 어린이집에 맡겨 놓았으나 아이들과 싸우고 엄마가 없으니 불안해한다는 것이다. 그러니 아내 또한 이래저래 스트레스가 쌓일 대로 쌓였는데, 남편이란 사람은 바쁘다고 아이들 교육엔 조금도 신경 쓰지 않고 친정에도 무관심하니 같은 집에 살아도 남 같았다. 과로로 아파도 무신경, 자기 불편하다고 짜증만 내고, 잠잘 때도 피곤에 못 이겨 책을 보다가 그대로 자기 방에서 쓰러져 자는 것이 한두 번이 아니니 무슨 정이 가겠는가. 그렇다고 아내가 세상에서 최고의 양처도 아니니 그 정도면 누구라도 그러하리라. C형제님의 말에 의하면 동거는 하되 따로 살아가는 부부가 많다고 한다. 가정을 잘 살피는 것이 무엇보다 중요하다는 것을 알았다. 바쁘다는 것 하나가 소홀함 전부를 잠글 수 있는 자물쇠는 아니다. 바쁜 것은 바쁜 것이지 다른 사람에게 이해하라고 강요

할 수는 없는 일이다. 제자훈련에서 은혜 받은 내용을 아내에게 들려주었다. 아내는 그 동안 여러 모로 받았던 스트레스를 다 털어놓았다. 나는 그저 '그랬구나.' '이해 간다.'고 진심으로 응대하니 막힌 부분이 트이는 것처럼 얼굴이 환해졌다. 제자훈련 모임의 나눔을 통하여 아내를 이해하게 되었고, 마음을 열고 나누는 대화를 통해 서로 얽히고 막힌 부분이 뚫려 회복을 이루는 체험을 했다.(99. 3. 14)

책 내용 중에 의지와 연습이란 말에 관심을 갖게 되었다. 이 말은 로렌스도 처음에는 마음을 하나님께 향하는 것이 잘 되지 않았다는 것을 의미한다. 침체된 상태에서 마음 깊은 곳에 계신 하나님을 찬양하는 의지와 그러한 시도를 계속 연습한 것이다.

또 한편으로는 의도적으로 하나님과 벽이 생길 수 있는 모든 행동을 금하는 것이다. 마음 관리는 중요하고 어려운 일이긴 하지만 의지를 갖고 계속 연습하면 된다는 것을 의미한다. 그렇다면 하나님의 임재 방법에도 왕도는 없다. 부단히 노력해야 한다. 하나님의 뜻에 더욱 순종하려는 의지를 가지고 노력하고 연습해야 한다. 게을러지려는 몸의 습관을 깨고 몸을 쳐서 복종시키는 의지와 연습만이 필요함을 느낀다. 하나님이 나를 빚어가는 데 적극 협조해야 멋진 작품이 된다는 말과 동떨어지지 않는다고 생각한다.

이 책에서 특히 감명을 받은 것은 로렌스의 실생활 태도였다. 부엌에서 일을 할 때, 그는 사람들을 천사처럼 생각하며 일했다고 한다. 천사들을 대접하는 정성으로 음식을 만들었다는 말인데 참으로 아름다운 마음 자세다.

이 글을 읽으며 반성했다. 직장에서 상급자가 나에게 개인적인 심부름을 시켰을 때 자존심이 무척 상했다. 좋았던 기분이 일시에 날아감을 느꼈다.

로렌스가 나의 경우였다면 천사를 섬기는 마음으로 축복하며 기쁨으로 그 일을 했을 것이다.

나의 하나님 임재 연습은 언제 어디서나 필요하다. 사고를 전환해 감사와 축복하는 마음으로 모든 사물과 사람을 대하겠다. 이 과정에서 필요한 것이 하나님의 임재를 꾸준히 연습하고 의지적으로 실행하는 것이다. 늘 마음을 다스리는 기도를 해서 모든 일에 감사하고 기쁘게 바라보는 태도를 가질 것이다.

난생 처음 속옷 선물

이번 제자훈련 생활숙제는 아내에게 속옷 선물하기였다. 그래서 처음으로 여자의 속옷을 사 보았다. 제자훈련 숙제였기에 어쩔 수 없어서 한 것이지만 결과적으로 좋은 기회였다.

처음에 아내에게 속옷 사이즈를 물었을 때, '뭐 하러 그런 것을 사느냐, 받았다고 생각할 테니 그만두라.'고 하였다. 숙제임을 강조했더니 못 이기는 척 알려준다. 사이즈에 맞게 그리고 가장 고급스러운 것으로 골라 아내에게 선물했다. 아내는 고맙다는 말 대신 '왜 이렇게 비싼 것을 사왔느냐?' 고 타박이다. 섭섭했지만, 일생에 딱 한 번 하는 제자훈련 숙제를 품위없이 값싼 것으로 할 수 없어서 최고급으로 샀으니 아무 소리 말라고 했다.

금요일에 여자 다락방 모임이 있었는데, 거기서 아내는 속옷 선물 받은 것을 자랑삼아 이야기했다고 한다. 여자의 마음은 어느 게 진짜 마음인지 알 수가 없다. 이번 숙제를 통해 얻은 부산물이 있다면 아내의 속옷 사이즈를 안 것이다. 안 것으로만 끝날 것인지 아니면 선물을 고르는 데 이용될 것인지 기대해 본다.(99. 3. 25)

승진, 너 먼저 가

제자훈련이 나를 변화시키고 있음을 느낀다. 승진과 관련이 있는 공무원 근무성적을 평가하는 문제가 대두되었다. 우리 과장과 서기관은 나에게 '수'를 주기 위해 노력하고 있었다. 그런데 문제는 다른 과에 근무하는 모 직원의 과장도 그 직원에게 '수'를 줘야 한다고 강경하게 주장하고 있는 상태였다. 두 주장이 서로 대립하고 있어서 업무 처리가 상당히 지연되고 있었다.

나 자신도 승진하고 싶은 마음 간절하다. 이번에 '수'만 맞으면 승진은 확실하다. 이런 사실을 아내에게 이야기했더니 새벽에 나가서 오밤중에 집에 들어오면서 열심히 일하고 있으니 당연히 당신이 승진하는 것이 당연하다고 주장한다. 그래서 마음 속으로 갈등하며 윗사람들의 처분만을 기다리고 있던 상태였다. 그러나 상황은 진전되지 않고 갈등의 골만 깊어 가고 있었다. 이 상황에서 나는 어떻게 할까 고민했다. 그런데 지난번 제자반 모임에서, 하나님을 섬기는 예수님의 제자는 하나님의 복을 나누어주는 통로로 복의 근원이 되어 남을 대접하는 인생을 살아야 한다던 말이 생각났다. 예수님이 그런 모범을 보인 것처럼 남을 대접하고 나의 이익보다는 남의 이익을 먼저 생각해 양보해야겠다고 결심하였다. 이번 기회를 놓쳐 승진이 몇 년 더 걸린다고 해도 그렇게 하겠다고 생각했다. 아침에 출근해 과장님께 나를 생각해 주시고 사랑해 주심을 진심으로 감사드린다고 말하고, 이번 근무성적 평가에서 '수'는 다른 직원에게 주라며 내가 양보하겠다는 뜻을 나타냈다. 일이 급진전되어 모든 것이 순조롭게 풀렸다. 양보한 것에 대해 조금도 아쉬움이 남지 않는다. 나는 더 높은 하늘 나라를 생각하는 사람이기에.(99. 3. 30)

아직은 초보 적용

퇴근길이었다. 집에 거의 다 왔을 때, 어떤 사람이 저 멀리에서 걸어오고 있었다. 내 앞에 가까이 왔을 때 갑자기 '할렐루야!' 하고 외치는 게 아닌가! 깜짝 놀라 자세히 보니 30대 중반으로 보이는 남자가 서 있었다. 내 앞에 오더니 '나는 초·중·고등학교를 검정고시로 마쳤다. 직장에서 쫓겨났다. 모 대학을 나왔다. 교도소에 들어간 적이 있다. 가진 것이라곤 양말 한 켤레와 메리야스 한 장뿐이다. 하나님 믿고 열심히 살려고 한다.'고 심한 술 냄새를 풍기며 말했다. 그는 결심을 성경책에 적었다며 보여주었다. 성경책은 새 것이었고 글씨는 명필이었다. 계속 말했다. '하나님 믿으려니 돈이 필요하다. 그런데 돈이 없다. 선생님은 뭐 하시는 분이냐. 돈 좀 줬으면 좋겠다.'고 하였다.

결론은 돈을 달라는 내용이었다. 돈이 없다고 하자 천 원이라도 달라고 해 주머니에 있던 잔돈을 다 주었다.

오면서 이런 생각이 들었다. '한 영혼을 천하보다 귀하게 여기는 예수님이라면 어떻게 하였을까?' 나는 제자훈련을 받고 있는 사람인데 그 사람에게 귀찮다는 듯 동전 몇 개로 보냈으니 마음이 편치 않았다. 설교로 은혜 받고, 책을 읽으며 은혜 받은 사실이 실생활에 적용되지 못한다면 도대체 무슨 소용이란 말인가?

집에는 데려가지 못해도 음식점에 데려가 진실하게 예수님의 복음을 전했어야 했는데 하는 아쉬움이 남았다.

'제 나이 서른다섯인데 다시 일어설 수 있을까요?' 하는 질문에 '그럼요.' 하고 대답했지만 너무 메말라 있던 내 목소리가 가슴을 치게 한다.(99. 4. 2)

꿀맛 같은 생활숙제

제자훈련 생활숙제가 재미있는 이야깃거리가 되었다. 고등부 교사들과 함께 청계산에 간 적이 있다. 산에 올라갔다가 내려와서 저녁을 같이 먹던 중, 제자훈련 숙제 중에 아내에게 전화해 '여보, 당신은 내가 사랑하는 나의 아내야.'하고 말하는 게 있었다고 말했다. 그 소리를 듣고 있던 순장은 식사하다 말고 갑자기 일어나더니 핸드폰을 찾아가지고 제자리로 돌아왔다. 그러고는 전화해 '여보, 당신은 내가 사랑하는 나의 아내야.'하고 말했다. 식사하던 다른 교사들은 박장대소했다. 그 가운데 노처녀 선생님 몇 분은 부럽다는 눈빛을 흘리면서 '뭐라고 대답하시던가요?' 물었다. '놀라서 아무 말도 못 하던데요.'하고 대답해 또 웃었다.

아내는 아내대로 생활숙제에 재미가 들린 모양이다. 다락방에 가서 내가 실천한 생활숙제를 자랑하는 모양이다. 다락방 여집사님들은 자기 남편도 그 같은 제자반에 들어가서 공부했으면 좋겠다며 부러워했다고 말했다.(99. 4. 8)

행복 느낌

이번 제자반 생활숙제는 아이들 앞에서 아내를 3분 동안 업어주면서 가장 기분 좋은 이야기를 해 주는 것이다.

집에 가자마자 시작했다. 처음에 아내는 망설이더니 대담하게 업혔다. 조금 무거웠다. 아이들은 재미있다고 데굴데굴 구르며 난리다. 큰애도 업어달라고 달려들고, 작은애는 자기도 업어달라며 업힌 제 엄마 다리를 잡아당기며 소리지른다. 애들은 내가 제 엄마를 위해 무언가 해 주면 왜 그렇게 좋아하는지 이유를 모르겠다.

나는 아내에게 이렇게 말했다. "당신은 이 세상에서 내게 최고의 아내야. 이렇게 귀여운 아이들을 낳아서 잘 키워주니 고마워. 건강이 최고야. 일에 너무 무리하지 말고 몸을 돌보며 일해. 자기 사랑해."

아내도 무척 좋아한다.(99. 4. 15)

술자리 지혜

기획예산담당관실 전 직원이 수안보로 체육대회를 떠났다. 저녁을 먹는 자리에서 술잔이 돌았다. 사실 나는 술자리에만 있으면 위축된다. 대중가요에 '그대(술) 앞에만 서면 나는 왜 작아지는가' 하는 가사처럼 그렇게 작아진다. 예수님을 믿는 사람이 아니라면 이런 자리에서 내 세상인 양 활개를 칠 것이지만, 술을 피하기 때문에 주춤거리게 된다. 그렇다고 크리스천이 술 잘 먹는 것처럼 행동하는 것도 은혜스럽지 못하기에 술자리에 오면 늘 소극적으로 변한다.

상황은 이 때 발생했다. 내 옆에 앉아 있던 과장님이 "정천성 씨, 국장님께 술 한 잔 드려요." 하는 거였다.

나는 일어서서 술을 따라드리며 큰소리로 이렇게 말했다. "국장님, 저는 주를 가까이 하고 있기 때문에 주를 멀리하고 있습니다." 다른 직원들도 무슨 소리인지 모르겠다는 눈치다. 일어서서 "저는 예수님이신 주님 주(主)를 섬기고 있기 때문에 술 주(酒)를 멀리하고 있다는 말씀입니다. 감사합니다." 하고 앉았다. 좌중은 웃고 말았다. 그 후 나에게 술을 권하는 사람도 없고 대신 청량음료를 시켜 따라준다.

예수님을 믿는 사람들이 사회생활 하다 보면 술자리에 끼지 않을 수 없다. 그럴 때 예수님을 안 믿는 척하며 어울릴 수도 있으나 마음이 편치 않을 경우에는 상대방의 기분이 상하지 않게 공손한 말로 '주를 가까이 하고 있어 주를 멀리하고 있음'을 이야기할 필요가 있다. 그러면 대부분의 사람은 성경 어디에도 술 먹지 말라는 말이 없으니 한 잔씩 하라고 유혹한다. 그럴 때 분명한 입장을 나타내면 결국은 나중에 성실하고 신뢰할 수 있는 사람이라고 인정받게 된다.
　타협은 실패요 믿음의 표시는 결국 승리다. 믿는 자들의 분명한 태도가 사회
의 희망이다.(99. 4. 16)

기적의 감격에 푹 빠지다

수안보 호텔에서 일찍 일어나 제자훈련 숙제인 큐티(Q.T.)를 마무리했다. 독서과제물인 '갈보리 언덕' 독후감에 대한 초안을 잡았다.

다른 직원들은 오늘 하루 여행 일정으로 바쁘지만 나는 제자훈련 때문에 같이 어울릴 수 없어 미안하다고 말하고 아침을 먹고 서울로 올라왔다.

속으로 욕할지도 모르지만 무엇이 중요한 일인지 생각해 보면 그런 미안한 마음은 참을 수 있다. 사람들의 마음이야 나중에 더 열심히 섬기면 회복된다. 하지만 내 일생에 제자훈련을 가장 중요한 것으로 생각하기에 소홀히 할 수 없다.

이번 주 제자훈련 장소는 O형제님 댁이었다.

집 주위가 봄을 맞아 목련이 뭉게구름처럼 활짝 피어 있었다. 집 앞에 가득 핀 라일락 향기는 기분을 상쾌하게 해 주었다.

프랑스에서 유학하고 돌아온 박사님 댁이라서 그런지 집 안에 책이 가득해 보기에 좋았다. 집이 그리 넓지는 않아도 지식의 향기가 그윽하여 고상했다. 특별히 그 가정은 기적을 안고 살고 있는 가정이었다. 그 기적이란 제자훈련을 받는 가운데 아기를 갖게 된 것이다. 올해 부부가 같이 제자훈련을 받고 있는 상태로 오래 전부터 둘째 아기 갖기를 원했으나 뜻대로 되지 않았다고 한다. 아들 세호가 올해로 중학교 2학년이다. 그러니 약 16년 터울이 된다. 세호는 외로움을 느껴 얼마 전부터 강아지를 얻어다가 키우고 있는 상태였다. 기적이 일어나니 부부는 늘 싱글벙글이며, 기적을 체험한 사람들답게 더 열심히 제자훈련에 임하고 있다. 세호도 동생을 갖게 된 것이 기뻐서 강아지에게 작별 인사를 했다고 한다. 우리 제자반 형제들은 모두 뱃속에 있는 아이를 '기적둥이'라고 부르고 있으며, 2000년도 1월이 빨리 되어 얼굴을 보고 싶은 마음 간절하다.

O형제님에겐 올해 1월 1일에 어머니가 위독해 입원한 일이 있었다. 어머니의 병은 기적적으로 완전히 치료받았다. 그 기적의 감격이 사라지기도 전에 또 하나의 기적을 체험하게 되어 남다른 감회가 있을 것이다.

목사님은 감기몸살에 걸려 몸 상태가 몹시 좋지 않았다. 기침을 하고 몸을 가누기가 어려운 상태였다. 그렇지만 거기에 위축되지 않고 더 열심히 가르쳤다. 얼굴은 열심으로 불그레 상기되었다. 제자를 사랑하는 목사님의 열심을 대하면서 열심이란 바로 저런 것이로구나 알게 되었고 아울러 존경하는 마음이 들었다.(99. 4. 18)

아내가 간증할 그 날까지

제자훈련을 받으며, 내가 가장 바라는 것은 온유하고 겸손한 인격을 지닌 사람이 되고 싶은 것이다. 그런데 오늘 아내와 심하게 말다툼을 했다.

사람은 대외적인 관계에서보다 대내적인 관계에서 더 신중해야 할 것 같다. 사람이 대외적으로야 체면을 차리느라 조심하는데 집에 오면 본래 성격이 나오기 때문이다.

퇴근해 집에 돌아와 보니 집 안이 난장판이다. 내 몸 상태도 아주 좋지 않았다. 이런 때는 유난히 신경질적으로 변하기 때문에 스스로 자제해야 했는데, 잔소리로 시작한 것이 그만 언성이 높아졌고 '사람이 왜 그리 지저분하냐, 그러니 애들이 그대로 본받지 않느냐?'는 말까지 하게 되었다.

아내는 몹시 기분이 상해 '당신은 제자훈련 받으면 성격이 바뀐다고 입버릇처럼 말하는데 사람의 타고난 성격은 죽을 때까지 변하지 않아.'하고 말했다. 그러면서 한 마디 보태서 '그 못된 성질 언제나 고치겠느냐?'고 소리질렀다.

말하고 뒤돌아서면 금방 후회할 말을 참지 못하고 함부로 내뱉는 내 모양이 안타깝다. 지금은 비록 제자훈련 초기라서 부족한 모습이지만, 결국 제자훈련은 사람의 생각을 바꾸고 말을 바꾸고 인격을 바꾸고 운명까지도 바꿀 것이라 믿고 훈련에 임할 것이다.

그래서 아내가 온 천하에 이 사실을 간증할 그 날을 기다린다.(99. 4. 22)

일일 천사가 되다

이번 주 생활숙제는 자녀들이 기뻐하도록 천사의 일을 하는 것이다. 이 기회에 아이들이 좋아하는 것을 선물하고 싶었다. 그래서 눈치채지 못하게 무엇이 제일 갖고 싶냐고 물었더니 텔레토비 인형을 갖고 싶다고 했다. 퇴근길에 텔레토비 인형을 두 개 사서 예쁘게 포장해 집에 들어갔다. 아내와 아이들이 외출해 아무도 없었다. 식구들이 들어오는 소리가 들려 선물을 얼른 문 밖에 내놓고 기다렸다.

아이들은 선물을 보고 좋아서 어쩔 줄을 모른다. 잠시 후 누가 이것을 갖다 놓았을까 궁금해했다. 나는 천사가 한 일일 것이라고 말했다. 그러면서 설명을 덧붙였다. "귀현이 네가 동생을 사랑하고, 엄마 아빠 말씀도 잘 듣고 착하기 때문에 천사가 선물을 주었을 거야."

아이는 외친다. "천사님, 고마워요. 저는 텔레토비 인형을 너무너무 갖고 싶었어요. 그런데 엄마가 돈이 없다고 사 주지 않았어요. 천사님 사랑해요."

아이들이 이렇게 기뻐하는 것을 보니 행복한 마음이 가슴을 적신다.

(99. 4. 23)

금식으로 내딛는 한 발짝

고난주간이다. 예수님의 제자 되기를 원하여 제자훈련을 받고 있는 내가 이 고난주간을 의미 없이 보낼 수 없어서 새벽기도에 참석하기로 했다. 몸에 익숙하지 않아 컨디션이 썩 좋지 않았다. 그러나 기도할 시간이 많아서 좋았다. 금요일에는 점심을 금식하였다. 아침을 금식하는 것은 큰 의미가 없기 때문에 활동에너지가 가장 많이 요구되는 점심을 금식하기로 한 것이다. 금식이란 금식을 통하여 하나님으로부터 무엇을 얻어내는 것이 아니라 나의 귀중한 것을 포기함으로 하나님께 더 가까이 가고 싶은 마음을 표현하는 것이다.

하루라도 온종일 금식하며 주님이 당한 고난의 의미를 되새겨야 하는데 제자훈련을 받는 제자로서 부끄럽다.(99. 4. 24)

'합당한 희생(원제:파인애플 이야기)'을 읽고

이 책의 내용은 이러하다. 저자는 아프리카 더치뉴기니아에서 가족과 함께 병원을 개업하여 원주민들을 치료하고 또 상점을 열어 생활 필수품을 공급하면서 성경을 번역하는 선교사였다. 저자는 깊은 정글에서 생활하다 보니 신선한 과일에 갈증을 느껴 파인애플 100주를 얻어다 원주민을 시켜 밭에 심었다. 3년 후 파인애플이 열렸고 익을 때쯤 밭에 가 보았더니 열매는 하나도 없다. 선교사는 치솟는 화를 주체할 수 없었다. 파인애플을 먹어 보려고 3년 동안을 일구월심 기다렸던 기대가 무너져 버렸다. 마음을 가라앉히고 원주민에게 다음부터 파인애플을 훔쳐가지 말라고 경고하였으나 허사였다. 선교사님은 그에 대한 조치로 병원 문을 닫았다. 그 결과 많은 어린이들이 죽고 많은 사람들이 병으로 신음하였으나 선교사님은 아랑곳하지 않았다. 그러나 원주민들의 간곡한 사정으로 다시 병원 문을 열었다. 그런데 원주민들은 또다시 파인애플을 훔쳐갔다. 선교사님은 또다시 분노했다. 선교사님은 파인애플을 훔쳐간 사람들을 찾아내어 타협하려 했으나 뜻대로 되지 않아서 파인애플 나무를 모두 뽑아버렸다. 그는 새로운 파인애플 나무를 사다가 다시 심었다. 또 3년을 기다렸으나 도둑질은 여전했다. 거기에 대응으로 이번에는 상점의 문을 닫았다.

원주민들은 떠났다. 상점의 문을 여니 그들은 돌아와서 도둑질을 계속했다. 할 수 없어 개를 사다 지키게 했다. 그들은 또 떠났다. 이런 지겨운 투쟁 가운데 선교사님은 안식년을 맞아 귀국했다. 본국에서 새생활 세미나에 참석한 선교사님을 한 기본 원리를 깨달았다. 그것은 '주라 그리하면 받으리라. 자신만을 위해 갖고자 하면 잃게 될 것이다. 네가 가진 것을 하나님께 드려라. 하나님은 너를 풍족히 채울 것이다.'라는 것이었다.

선교사님은 선교지로 다시 와서 파인애플 밭 전부를 하나님께 드렸다. 그 후에도 도둑질은 계속되었다. 원주민들은 얼마 되지 않아서 선교사님이 파인애플 밭을 하나님께 드렸다는 사실과 그 곳에서 도둑질을 하면서 되는 일이 없다는 사실을 깨달고 도둑질을 멈추게 된다. 동시에 원주민들은 선교사가 이제 화를 내지 않는 것을 보면서 '이제야 당신이 그리스도인이 되었군요.' 하였다. 이제 파인애플은 익어서 넘쳐나게 되어 모두가 만족하게 되었다. 선교사는 이 놀라운 사실을 체험하고 나서 그의 모든 것을 하나님께 다 드리게 되었다. 시간뿐만 아니라 아들의 생명까지도. 이렇게 되니 모든 목적은 빨리 이루어져 갔다. 전에 화가 변해 감동이 된 것이다.

신앙 생활 재시동 걸기

중국 교포 3세인 박은혜 전도사님의 간증 테이프를 통해 충격적인 사실을 들었다.

박 전도사님의 남편이 박 전도사님에게 예수 믿는 것을 포기하지 않으면 자식들과 전도사님을 죽이겠다고 식칼을 들이대었다. 살려달라고 애원하는 딸을 곁에 두고서도 박 전도사님은 예수님을 부인하지 않았다. 또 남편이 이혼하자며 법원에 끌고 갔을 때에도 그분은 예수님을 부인하지 않았다. 어느 때는 전깃불도 들어오지 않는 지하실에서 남편에게 죽을 정도로 맞아도 끝내 예수님을 부인하지 않았다. 뿐만 아니라 제대로 먹지도 못하고 밤새 성경을 읽고 기도하다가 코피 쏟은 적이 한두 번이 아니었다. 성경을 읽지 않는 사람은 밥도 먹어서는 안 된다고 외쳤다.

박 전도사님은 예수님을 위하여 죽으면 죽으리라는 일사각오의 정신으로 신앙생활을 했다. 한국 사람들이 기도와 성경읽기를 게을리하는 것은 배에 기름기가 흐르기 때문이라고 했다.

이 간증에 비추어 볼 때, 나는 너무나도 안일하게 신앙 생활하고 있다고 생각한다. 좀더 열심을 품으면 지금보다 몇 배는 더 열심히 훈련도 받고 말씀과 기도 생활을 할 수 있을 텐데 잘못했다는 생각이다. 솔직히 말해 하루에 30분간 기도한다는 것은 내가 생각해도 부족하다. 하나님 보시기에 감질날 것이다. 내 자신도 그렇다. 가뭄으로 시들어 가는 나무에 스프레이로 몇 번씩 물을 뿌려준다고 될 일이 아니다. 필요한 것은 소나기처럼 시원하게 한바탕 쭉쭉 내려서 가뭄을 해갈하고도 남아서 흥건히 고여 있는 그런 기도가 필요하다. 성경 읽는 것도 그렇다. 무슨 다이어트 하는 것도 아닌데 생명만 간신히 유지하는 정도의 양을 먹어서는 안 된다. 얼마나 제자로서 부끄러운 일인가. 어린아이가 젖을 흠뻑 먹고 쑥쑥 자라듯 그런 모습이 내게 필요하다.

핑계는 늘 '피곤하다' '바쁘다' 이다. 하지만 이것은 말이 되지 않는다. 마음먹기에 따라 바쁠수록 시간이 있을 수도 있고, 여유가 많아도 시간이 없을 수 있음을 알기 때문이다.

새롭게 정비하여 시작할 일이다.(99. 4. 25)

이제 지킬 건 지킨다!

약 속의 중요성을 생각하고 실행했다. 며칠 전, 국회로 출장 가기 위해 업무용 자동차에 기름을 넣었다. 예산계장님께 그 돈을 청구하였다. 돈을 주면서 영수증을 달라고 하기에 내일 갖다주겠다고 말을 하고 이삼 일이 흘렀다.

그 영수증이 없다고 해서 업무 처리에 지장이 없음을 안다. 또 안 줘도 그만이다. 그러나 예수 믿는 우주의 개선 장군이 사소한 약속이라고 어겨서는 안 된다고 생각했다. 그 약속을 이행하기 위하여 영수증을 받아와서, 늦어서 미안하다고 말하고 드렸다. 약속은 아무리 사소한 것이라도 지켜야 한다.

(99. 4. 27)

하나님께서 요나에게 명령하였다. "너는 저 큰 니느웨성으로 가서 그 성이 멸망할 것이라고 외쳐라. 그 곳 주민들의 죄악이 하늘에까지 사무쳤다." 요나는 이 명령을 거역하고 다시스로 도망가려고 욥바로 내려갔다. 바로 그 때 다시스로 가는 배가 있어 올라타고 하나님의 낯을 피하여 배 밑창으로 내려가서 거기서 깊은 잠에 빠졌다.

문제는 거기서 끝나지 않았다. 요나가 탄 배가 심한 풍랑에 휘말리게 되어 위험에 처하게 되었다. 급기야는 선장이 잠자고 있던 요나를 찾아내어 풍랑이 일어나게 된 원인을 제공한 사람을 제비뽑기로 했는데 요나가 뽑히게 되었다. 그는 "나는 하나님을 피해 도망가고 있는 중입니다." 하고 고백하였다. 바다의 풍랑은 미친 듯이 사납게 날뛰고 선상의 사람들은 겁에 질려 있었다. 요나는 '올 것이 드디어 왔구나.' 하는 담담한 얼굴이다. 나는 개인적으로 요나에게서 인간적인 친근감을 느낀다. 어딘지 나와 비슷한 점이 있어 보이기 때문이다.

요나가 하나님의 말씀에 순종하여 니느웨로 내려가는 배를 탔다면 이런 풍랑이 없었을 것이다. 있다고 하더라도 하나님이 지켜주심을 알기에 죽을까 염려하지 않았을 것이며, 타고 가는 배를 한 입에 삼키려고 산같이 높은 파도가 달려옴을 바라보며 담대히 받아들일 수 있었을 것이다. 그러나 요나가 행운처럼 자기가 목적했던 방향의 배를 타긴 하였으나 얼마나 불안하였으면 그것을 잊고자 배 밑창으로 가서 잠을 청하였을까 하는 안쓰러움이 든다. 요나의 잠은 불안했고 또 무의미했으며 문제를 일으키는 요인이 되었다. 단잠을 자려면 하나님의 뜻에 순종해 나가야 한다. 설교를 들으며 하나님의 놀라운 사랑을 느꼈다. 요나가 불순종하고 도망갈 때 하나님이 '그래, 세상에 많은 것이 사람인데 너 하기 싫으면 그만둬라. 네 멋대로 살든지 죽든지 상관하지 않겠다. 내가 다른 사람을 불러서 내 목적을 이루겠다.'고 포기하였다면 줄 끊어진 연처럼 당장은 자유로워 두둥실거렸겠지만 머지않아 어느 시궁창에 처박혀 쓰레기가 되어 역겨운 냄새를 풀풀 날렸을 것이다. 그렇지 않으면 하나님께서 치솟아오르는 화를 참지 않으시고 배를 뒤집어엎어서 산산조각을 내어 상어가 물어뜯게 하셨다면 어찌 한단 말인가. 그런데 하나님께서는 요나를 포기하지 않고 폭풍을 보내고, 제비를 뽑아 요나를 골라내어 신앙고백하게 함으로 불신자들에게 하나님의 위대함을 알게 하며, 또 요나의 마음에 담대함과 사랑의 마음을 느끼게 하여 사명을 완수하게 한 것이다.

그녀의 이름은 순교자

오늘 국민일보에 '그녀의 이름은 순교자였다.'란 큰 제목 아래 '총 앞에서도 꺾이지 않은 신앙의 절개'에 대해 소개하였다.

내용은 이러했다. 지난 4월 20일. 미국 콜로라도 주 리틀턴의 콜럼바인 고등학교 3학년인 캐시 버널(17) 양은 이 날 학교 도서관에서 공부하고 있었다. 그런데 갑자기 남학생 두 명이 총을 들고 뛰어 들어왔다. 검은 옷을 입은 트렌치코트 마피아 단원들이었다. 그들은 학생들을 향해 총을 무차별 난사하였다. 공부하던 학생들은 책상 밑으로 숨느라 난리고, 겁에 질려 울부짖는 비명소리에 도서관은 완전히 아수라장이 되었다.

캐시 버널 양도 놀라서 벌벌 떨고 있었다. 그 때 한 명이 그녀에게 뚜벅뚜벅 다가왔다. 총부리를 무섭게 들이대더니 "하나님을 믿느냐?" 물었다. 그녀는 그들이 나치와 악마의 음악을 숭배하며, 하나님을 믿는 사람들을 극도로 싫어한다는 사실을 잘 알고 있었다. 대답 한 마디에 죽을 수도 있음을 알고 있었다. 그녀는 잠시 침묵하다가 "그렇다."고 했다. 순간, 총부리에서 요란한 총성과 함께 불꽃을 뱉으며 나간 총알은 캐시 버널 양의 머리를 뚫어버렸다. '아니다' 하면 살았을 것이다.

그녀의 아버지는 '딸의 삶 한가운데 예수 그리스도가 있었다.'고 말하며, '딸의 용기에 가족들은 전혀 놀라지 않고 있다.'고 하였다고 한다.

이 기사를 읽으며, 그 순간 그 자리에 내가 있었다면 어떻게 하였을까 자문해 보았다. 이 세상에서 사는 것이 마지막이라면 예수 믿는 사람이 가장 불쌍한 사람이란 말이 있다. 그러나 예수 믿는 사람은 부활이 있다. 영원히 사는 불사조다. 우주의 개선 장군이다. 장군이 자기가 섬기는 왕을 부인한다면 장군으로서 모든 것이 끝이다. 죽으면 죽으리라 각오했던 에스더는 살아서 큰일을 하였다. 우주의 개선 장군은 우주의 황제이신 하나님을 부인할 수 없다. 육신의 죽음이 영원한 죽음이 아니기에 그 상황에서도 주님을 부인하지 않겠다. 그러나 베드로를 생각해 본다. 나 또한 베드로 되지 말라는 법이 없기에 늘 신앙을 다져나가야 한다.

수요예배에 참석했다.

예배 후에 제자반 형제들을 만났다. C형제, J형제, L형제, O형제, J형제, 그리고 나.

목사님께 다가가서 악수를 청하며 인사를 드렸더니, "정 장군님 안녕하셨습니까?" 하며 말씀하셨다. 순간 당황했다. 그러나 나의 전광석화와 같은 순발력은 위기에 머무르게 하지 않았다. "예, 작전 계획을 세우느라 밤낮이 없습니다."

지난 주 제자반 공부에서 목사님께서는 그리스도 예수의 부활에 관하여 강의하셨다. 그 가운데 예수님의 부활이 도대체 나와 어떻게 구체적으로 연관이 있는가에 대하여 말씀하셨다. 그 말씀들을 증류시키고 또 건조시키고 압축시켜 영롱한 결정체로 만들어 내셨으니 바로 이것이다. 「나 정천성은 그리스도와 연합한, 사망을 이긴 승리자, 우주의 개선 장군, 영원을 사는 불사조」였다. 이것은 예수님의 부활과 나와의 관계를 선명하게 압축해 말하는 꽃이었다. 이 말에 근거해 목사님께서 물어보신 것이었다.

잠시 후 제자반 형제들이 목사님 앞으로 모여들었다. 또 제자 훈련 이전 기 선배 형제들이 모였다. 이렇게 인사하였다. "최 장군님, 안녕하셨습니까? 임 장군님은 별일 없으셨지요? 정 장군님은 잘 지내셨지요?” 이렇게 인사하며 떠들썩하니 다른 목사님들이 무슨 영문인지 몰라 어리둥절하시는 모습이 보였다. 나는 한 술 더 떴다. “아! 이렇게 우주의 장군들 곧 스타들이 다 이 곳에 모이니 하늘에 별이 없어졌습니다.”

만두집에 우주의 개선 장군들이 모여서 떠들썩하니, 참으로 유쾌한 시간이었다. 그 어떤 형제들이 모인다고 해도 이처럼 다정할 수 있을까?(99. 4. 28)

경복궁과 개선 장군

점심 먹고 경복궁에서 산책했다. 조선 시대 궁궐이라 감회가 새로웠다. 몇 백 년 전만 해도 왕과 왕자들이 살던 곳이다. 그런데 이제는 옛 궁궐로, 관광지로 변한 것이다. 권력의 흥망성쇠가 느껴지는 듯했다.

돌아오면서 같이 간 직원들에게 이런 이야기를 했다. "조선 시대에 전쟁을 승리로 이끌고 개선하는 장군이 왕을 알현하려고 이 궁궐 앞으로 행진해 올 때 그 모습이 위풍당당했을 겁니다. 백성들이 길 옆에 서서 승리를 축하하며 찬사를 보내고, 왕 앞에 섰을 때 근엄한 왕이 수고했다고 친히 손을 내밀어 위로할 때 얼마나 기뻤을까요? 전쟁에서 수고한 모든 것들이 아침 안개처럼 사라지고 보람만이 넘쳤을 것입니다." 안 그랬겠냐고 묻자 직원 한 사람이 "그랬을 겁니다." 하고 대답한다. 나는 말을 이어나갔다. "우리도 개선 장군이 될 수 있는 길이 있는데 알려드릴까요?" 하고 말했다. 직원들이 호기심을 나타냈다. "우리는 우주의 개선 장군이 다 될 수 있습니다. 그 방법은 예수님만 믿으면 됩니다. 예수님의 부활이 나의 부활이 되어 이 세상에서 승리하고 저 하늘나라 갈 때 그때 우리는 마귀를 이기고 죽음을 이긴 개선 장군이 되어 우주의 황제 앞에 설 수 있습니다."

"그렇지 않습니까?" 하고 물었더니 대답이 없었다.(99. 4. 29)

행동으로 삶으로

노동절이다. 장인·장모님이 울진에서 올라오셨다. 장인·장모님을 모시기로 하였다. 얼마가 될지는 모르나 모시는 동안 성실히 모실 생각이다. 우주의 개선 장군 같은 품위와 우주의 황태자로서의 품위를 유지해 나갈 것이다. 아울러 영원을 사는 불사조가 무엇인지 이웃에게 전하여 예수님을 믿게 하는 데 노력하겠다.(99. 5. 1)

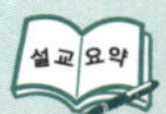

설교요약 불신앙과 메뚜기 사고 (옥한흠 목사)

이스라엘 민족이 애굽에서 탈출하여 대이동이 시작되었다. 하나님의 능력으로 홍해를 가르는 기적도 체험하였고, 또 하늘에서 내리는 만나와 메추라기도 먹었다. 하나님은 밤에는 불기둥으로, 낮에는 구름기둥으로 그들을 보호하였다. 그들은 이러한 엄청난 기적들을 매일 맛보며 살아왔다.

2년이 걸려서 그들은 크고 두려운 광야, 바람의 광야인 가데스에 이르렀다. 이제 남은 것은 최종 목적지인 가나안 땅에 들어가는 것이다. 그런데 그 땅은 거저 얻는 것이 아니라 싸워서 정복하고 그 거민을 쫓아내고 들어가서 살아야 할 땅이었다. 상황이 이러니 모세는 정복을 독려하였으나 백성들은 발이 땅에 붙은 듯 꼼짝하지 않았다. 두려웠던 것이다. 그래서 백성들이 내놓은 아이디어는 바로 정탐군을 보내어 그 곳 사정을 알고 대처하자는 것이었다.

정탐에 참여했던 12명이 정탐한 결과를 보고하는 자리에서 갈렙과 여호수아를 제외한 열 명은 이렇게 말했다. "그 곳이 과연 젖과 꿀이 흐르는 땅임에는 틀림없으나, 그 곳 사람들은 아낙 자손으로 거인들이었고, 성은 얼마나 강하고 높은지 성곽의 끝이 하늘에 닿아 있습니다. 우리는 그 사람들에 비하면 메뚜기 같았습니다." 이스라엘 민족들은 그 보고를 듣고 공포에 휩싸여 밤새 울었다. 잠복성 불신앙이 드러난 것이다.

내 마음 성령의 바다

수양관으로 가서 공부하는 날이다. 안성에 가는 그 자체로도 즐거운데, 가는 길에 낚시터에 들르기로 되어 있어 마음이 설레었다. 거기서 우리 제자 6반은 자칭 음식 문화의 꽃(?)을 즐길 것이다. 그 곳 보신탕이 그토록 맛있다는 소문을 들어왔기에 기대감으로 가득 차 있었다. 숙제하느라 안 돌아가는 머리 돌리며 애쓴 모든 것은 도심 속에 묻고 시원한 야외로 달려가니 기분이 좋았다.

12인승 봉고로 이동했다. 고속도로로 진입했을 때는 버스 전용차선으로 달릴 수 있어 신났다. 오월의 신록이 탱글탱글 튀는 싱그런 색깔로 웃음 짓고 있었으며, 상큼한 바람은 닫혔던 마음의 문을 조용히 열고 들어와 가득 채워졌다. 좋은 사람들과 같이 즐거워할 수 있다는 것이 너무 행복했다. 하나님의 은혜에 감사했다.

한 시간쯤 달려 조그만 산모퉁이를 돌아서는 순간 시원한 호수가 눈에 들어왔다. 방금 솟아오른 물처럼 신선하고 수량이 풍부했다.

이 호수를 보며 내 마음에 깊은 느낌이 왔다. 다름 아니라 내 마음에도 호수 속에서 끊이지 않고 솟는 샘이 있었으면 하는 것이었다. 깊고 깊은 곳에서 강물같이 흐르는 생수의 물줄기와 접하고 있어서 그 시원함이 이루 말할 수 없을 뿐만 아니라 맑고 풍부해 내 마음 속을 채우고 넘쳐서 메기뿐단 아니라 고래까지도 살 수 있는, 바다와 같이 넓은 성령의 바다를 갖고 싶다. 그래서 많은 사람들에게 쉼을 제공하고 온갖 은혜와 은사가 고루 살어서 헤엄치고 또 그 속에서 아름다운 보물들이 영롱하게 빛나는 황홀한 삶을 나누고 싶다. 낙심한 형제들에게 예수님 안에서 용기를 주고, 좌절한 형제 자매들에게 꿈을 일깨우는 그런 삶을 살고 싶다. 다른 사람들이 같이 있기를 원하고 서로 대화하기를 원하는 그런 사람이 되고 싶다.

이런 생각을 하며 호수 주위를 제자반 형제들과 같이 산책했다. 그리고 음식 문화의 꽃을 수육으로, 무침으로, 탕으로 해서 마음껏 먹었다. 소문 그대로 정말 맛이 일품이었다. 예수 안에서 형제가 동거함이 이렇게 좋은 것을 믿지 않는 사람들은 어찌 알까?

사랑의교회 안성수양관 424호, 우리 제자 6반 숙소였다. 206호, 그 곳은 제자들이 공부하던 방. 그 곳에서 거듭남이라는 놀라운 사실을 배웠다.

엄마가 아이를 낳을 때 얼마만큼의 피를 흘리는지 나는 모른다. 목사님께서는 아기 낳는 모습을 보셨는데 상당량의 피를 흘린다고 한다. 피에 생명이 있다고 한다. 그렇다면 어머니가 아기를 낳을 때는 생명을 걸고 낳는다고 해도 틀린 말은 아닐 것이다. 이 사실을 나 자신의 거듭남에 연결해 생각해 본다. 아기가 엄마 뱃속에서 나올 때 한 일은 아무것도 없다. 이처럼 나는 영적으로 거듭남에 있어서는 한 일이 하나도 없다. 단지 하나님의 은혜로 된 것이다. 그 은혜가 얼마나 큰가. 부모는 자신이 당하는 고통은 참을 수 있다고 한다. 그러나 자식이 고통을 당하는 것은 참을 수 없다고 한다. 아버지인 나로서는 그 말을 이해할 수 있다. 그런데 하나님은 자신의 독생자를 십자가에서 처절히 죽이고 또 옆구리를 창에 찔려 피를 다 쏟게 하기까지 그 무서운 고통을 철저히 참으셨다. 그 피로 내가 태어난 것이다. 나를 얼마나 사랑하셨으면 이렇게까지 하셨을까. 이 사실이 너무 황홀하고 감사해 이게 꿈은 아닐까 생각 되었다. 꿈이어서 깨어난다면 이 기쁨을 어디에서 찾을 수 있단 말인가.

뿐만 아니다. 아버지 하나님은 여기서 멈추시지 않고 천사를 나의 보디가드로 세우셨다. 이것으로 보아 나는 우주의 황태자임이 확증된다. 그 누가 뭐라 해도 나의 지위는 우주의 황태자인 것이다.

사람에게는 포지션 에너지(position energy)가 있다고 한다. 그 사람의 포지션이 높으면 높을수록 그에 따라 에너지가 발생한다는 것이다. 현 김대중 대통령이 그 나이에도 활기있게 일하는 것은 말 그대로 포지션 에너지가 있기 때문이다. 쉬운 말로 말하면 '나는 이 나라의 대통령이다. 국민을 지킬 책임이 있고 국가의 원수로서 국정을 집행해야 한다.' 이런 마음이 힘을 솟게 하고 자부심으로 가득 차게 하는 것이다. 기자단의 카메라와 모든 사람의 주의가 집중될 것이고 또 수행원들의 수행 또한 시들할 수 없을 것임이 틀림없다. 자기도 모르는 힘이 생겨나지 않겠는가. 청년이라도 지쳐 쓰러져도, 이 포지션 에너지를 가진 사람은 걸어 나갈 수 있다.

이제 나는 우주의 황태자요 천사가 수행하며 경호하는데 나약하면 안 된다. 당당하고 웃음을 띠고 이웃을 다정하게 섬기는 그런 모습이어야 한다. 다른 사람들이 좋아하는 그런 사람이 되어야 한다.

어제 숙제 때문에 잠을 못 잤더니 졸음이 몰려와 졸다 지적 당하기도 한 공부였다.(99. 5. 8)

로마서 3장 25-26절을 저자가 강해한 내용이다. 저자는 이 말씀을 기독교의 성채라고 말했다. 또 이보다 더 인간이 중요하게 생각할 수 있는 말씀은 아무것도 없다고 확신하였다. 또한 교회 역사를 통해 이 말씀이 많은 영혼을 어두움에서 빛으로 인도하였으며 불쌍한 죄인에게 최초의 구원의 지식과 확신을 제공하기 위한 수단으로 사용되었음을 알 수 있다고 한다.

이 말씀은 로마서 3장 23-24절의 말씀 곧 '모든 사람이 죄를 범하였으매 하나님의 영광에 이르지 못하더니 그리스도 예수 안에 있는 구속으로 말미암아 하나님의 은혜로 값없이 의롭다 하심을 얻은 자 되었느니라'의 방법론적 근거가 된다.

이 책의 본문 말씀이 없다면 어떻게 값없이 의롭다 하심을 얻었는지 그 근거가 없음으로 빙하얼음판 위에 떠 다니는 집 같다는 느낌이 들었다.

갈보리는 영원한 원점이다. 그 곳은 하나님의 성품이 노래하는 곳이다.

하나님의 의로움과 사랑이 조화되는 곳이다. 우리의 죄사함을 받은 장소다. 그 곳은 죄를 단번에 날린 곳이요 죄를 원점으로 돌리는 곳이다. 그 곳은 과거 현재 미래가 공존하는 영원한 곳이다.

먼저 내가 깊이 깨닫고 감사함에 전율한 것은 하나님의 성품 중 오래참음이다. 하나님은 오래참으심으로 이전에 범한 죄를 넘어가심과 동시에 그의 의를 나타내기 위하여 예수님을 화목 제물로 세우셨다. 여기서 오래참음과 죄를 넘어가심이란 말이 의미하는 바를 생각하게 되었다.

사실 하나님께서는 의로우셔서 죄를 벌하지 않을 수 없다고 하셨는데 죄를 벌하지 않고 용서하신다면 의는 완전히 허물어지고 만다.

이 부분을 곰곰이 생각하게 되었다. 이 부분을 깊이 생각할 때 하나님의 성품 중 오래참음과 의로우심을 생각하게 되었다.

무엇으로도 채울 수 없는 갈증

우주의 황태자는 재생산할 때 진정한 가치가 있다. 오늘은 우리 교회에서 전도폭발 훈련받고 있는 세 분을 사무실로 초청하여 선배 한 사람에게 복을 전하게 하였다. 이 일은 3주 전부터 예약된 일이었다.

오후 8시 정각에 이들이 도착했다. 사무실에 있는 휴게실에서 만남이 이루어졌다. 자매가 복음을 증거했다. 약 20여 분 넘게 차분히 복음을 제시하였다. 마지막 부분에서 '이 선물을 받으시겠습니까?' 하는 질문에 선배는 쑥스러워 답변을 못 하고 웃음으로 대신했다. 모든 사실을 인정했지만 영접 기도만은 다음에 하겠다고 했다.

직원들이 식사하고 들어오기에 이런 일이 있었다고 이야기했더니 아주 즐거워했다. 사람들 마음 속에는 복음에 대한 본능적인 갈급함이 있다고 생각한다. 겉으로는 거부하는 듯 말을 하지만 내면 깊은 곳에서는 알 수 없는 갈증으로 늘 목말라한다. 하지만 그 원인이 어디에 있는지 몰라 애 타는 것 같다. 시대가 변하면서 이 목마름은 더욱 심해지는 것 같다. 이 목마름이 사람들로 하여금 정신없이 돈을 추구하게 만들고 무한 경쟁으로 미쳐 돌아가게 하는 것 같다. 이렇게 각박하고, 여유가 없으며, 극도의 마찰로 엉겨붙은 실린더 같은 세상에 복음만이 해결책은 아닌지? 더욱 사회 현상을 정확히 바라보고 진단하는 지혜가 있었으면 좋겠다.(99. 5. 10)

고사 지내지 않은 날

우리 기획예산담당관실로 업무용 승용차 마티즈가 나왔다. 다른 사람들은 고사 지내야 한다고 야단법석이었다. 난 반대했다. 결국은 케이크를 사다가 마티즈의 한 돌 생일 기념으로 촛불을 한 개 켜고 불을 끄며 박수치는 것으로 하였다. 과장님은 나에게 기도하라고 했다. 그분은 믿지 않는데 고사를 지낼 수 없으니 기도해야 한다고 했다. 내가 기도하려고 폼을 잡으니 믿지 않는 사람들은 뒤로 슬금슬금 빠지고 있었다. 그러나 담대히 기도했다. "하나님 아버지, 우리 기획예산담당관실에 이 마티즈를 허락해 주셔서 감사합니다. 이 차를 타고 다니면서 업무에 효율을 높이고 또 성실히 일할 수 있게 도와주세요. 요즘처럼 교통이 복잡한 때 이 차를 운행할 때 조그만 사고도 없도록 눈동자같이 지켜주십시오. 우리 과 모든 직원들에게 하나님의 풍성한 은혜로 내려주십시오. 예수님의 이름으로 기도합니다. 아멘."

직원들 모두가 좋아했다.

오늘 하루 아찔한 일들이 있었다. 오후 4시쯤 아내가 전화했는데 귀현이가 학원에 가서 놀다가 의자에서 넘어졌다고 하는데 팬티에 피가 많이 묻어 있었다는 것이다. 이게 무슨 일인가 걱정했다. 병원에 가서 검진 받아 보라고 했다. 진찰 결과는 넘어지면서 중요한 부분에 상처가 조금 났으니 연고를 발라주면 곧 낫는다고 했다. 다행이다 싶었다.

집에 돌아와 들어보니 장인 어른도 큰일이 생길 뻔하였다고 한다. 부엌에서 식칼을 고치려고 칼을 집어드는 순간 칼이 자루에서 튀어나와 머리 위로 넘어갔다고 한다. 칼이 머리 위로 넘지 않고 머리나 얼굴에 박혔다면 큰일을 당할 뻔했다고 아찔한 순간을 회상하셨다. 그 칼에 정나미가 뚝 떨어져 쓰레기통에

버렸다고 하였다.

또 둘째 애는 유치원에서 싸웠다고 목덜미에 손톱 자국이 길에 나 있었다. 깊지 않아서 흉터 없이 나을 것이기에 큰 문제는 없다. 애들은 싸우면서 크는 것이니까. 장모님은 속이 아프고 괴로웠으나 참았다고 한다.

생각해 보니 마티즈 고사를 못 받은 마귀가 설쳤나 싶기도 했다. 그러나 감히 더 건드리지는 못할 것이다.(99. 5. 12)

아카시아 향기 속 초대

우리 집에서 제자반 모임이 있는 날이었다. 손님을 맞이한다는 게 마음이 편한 것만은 아니다. 내가 좋아하고 꼭 초대하고 싶은 사람들이라 해도 긴장되는 법인가 보다. 사무실에서도 오늘 모임 때문에 조바심이 났다.

남자는 손님들을 초청하면 그만인데 아내는 음식을 준비하랴 청소하랴 마음이 분주하고 특히 음식 맛 때문에 적잖이 신경이 쓰이나 보다.

집에 와 보니 준비된 것이 별로 눈에 띄지 않았다. 조금 짜증이 났다. 상을 준비하랴, 방석을 준비하랴, 청소하랴 분주한데 시간은 훌쩍훌쩍 캥거루처럼 뛰어갔다.

하지만 마음 편하게 맞이하려고 체념하고 나니 만사가 편했다. 제자반 형제들의 얼굴을 보니 그저 반가웠다. 다행히 17시경에는 비가 그쳐 인덕원 초등학교에 가서 발야구를 할 수 있었다. 재미있었다. 연습을 시작할 때는 체계도 없고 방법도 몰라 막말로 개판이었으나 연습이 진행되면서 점점 나아졌다. 목사님이 오셔서 연습을 실전 상황처럼 했다. 연습을 훨씬 효율적이고 조직적으로 할 수 있었다.

19시가 되어 우리 제자들은 대중사우나에 가서 땀을 씻었다.

20시에 집에 와서 저녁을 먹었다. 보리 비빔밥에 야채를 싸 먹었다. 아내는 수육이 다 식었다고 울상이다. 데운다는 것을 그냥 두라며 찬 상태로 먹었다. 접대하는 입장에서는 마음이 편치 않으니 맛을 음미할 수 없었다. 아내들은 매일같이 음식을 준비해야 하는데, 남편이 맛이 없다고 불평하면 처음에는 심기가 불편하고 나중에는 위축되어 음식 만드는 게 엄청난 부담으로 작용할 것 같다. 어떤 일에서도 비난보다는 칭찬을 함으로 자신감을 갖게 하는 것이 발전의

지름길인 것 같다. 2시간 예정으로 공부가 시작되었다. 찬양을 하였다. 마음 같아서는 온 힘을 다하여 찬양을 하고 싶었다. 가슴이 후련하도록. 그런데 위층에서 탕탕 소리가 났다. 듣기 싫다는 소리인지 아니면 벽에 못을 박는 소리인지 알 수는 없었지만 집주인인 나로서는 마음에 부담이 되었다.

믿음에 대해 공부했는데 참으로 은혜가 넘쳤다. 공부를 마칠 시간이 한 시간 전에 이미 훌쩍 흘러갔는데도 그것을 기억하는 사람은 아무도 없었다. 그 후로도 30분이 더 흘러서야 마무리되었다. 아내는 한 쪽에 쪼그려 앉아서 강의를 듣다가 졸다가 하고 있었다. 그 모습을 보니 사도행전에 나오는 유명한 사건의 한 장면이 생각났다. 바울은 드로아에서 다음날 앗소로 떠나기로 하고 밤 깊도록 이야기를 하였다. 사람들은 이야기를 듣느라 시간 가는 줄을 몰랐다. 여기에 유두고라는 청년이 있었는데 창문에 걸터앉아 이야기를 듣다가 졸고 있었다. 이야기가 길어지자 그는 졸음에 못 이겨 그만 3층에서 떨어지고 말았다. 유두고가 죽었으나 바울이 그를 살렸던 사건이다. 아내는 졸면서도 강의를 들었는지 깊이가 있어서 좋았다고 했다.

공부를 마치고 나오니, 공부한 내용만큼이나 달콤한 아카시아 향기가 고개 숙여 우리를 기다리고 있다가 고요하게 감쌌다. 우주의 황태자들을, 우주의 개선 장군들을.(99. 5. 15)

사랑이란 달려가는 것

비가 내렸다. 제자훈련 공부하면서 하루에 성경 10장씩 읽지 않으면 저녁을 먹지 않기로 약속했다. 믿음의 자람을 위해서였다. 믿음의 자람은 말씀의 통로로 오기 때문이다. 어제와 오늘 이것을 지켰다. 에스겔서를 읽어 나간다.

말씀 먹는 것과 기도는 새의 두 날개요 수레의 두 바퀴라고 한다. 이제 말씀은 규칙적으로 먹게 되었으니 한 날개는 완성된 것이요 수레의 한쪽 바퀴는 탄탄하게 갖추어졌다. 하지만 이것만으로는 온전한 성능을 발휘할 수 없다. 나머지 한쪽을 탄탄하게 해야 한다. 그 방법으로 잠자기 전까지 하루에 한 시간 이상 기도하지 않았으면 잠을 자지 않고 그 분량을 채운 후에 자야겠다. 처음에는 힘들고 어렵겠지만 부단한 연습으로 그것을 내 것으로 만들 것이다. 연습은 위대함을 만든다. 기도가 내 것이 될 날도 멀지 않았음을 확신한다. 생활 속에서 넘실대며 흐르는 기도, 기도로 튼실하게 열매 맺는 삶, 이것은 내 것이다. 바다 속에 고래가 헤엄치고, 고래가 있어 풍요로운 바다와 같이.

사랑이란 달려가는 것(Love is to keep on running)이라고 말한 사람이 있다. 사랑이란 어떤 사람이나 어떤 일 또는 자기가 좋아하는 것을 향해 달려가는 것이라는 말이다. 기도야, 내가 너를 향해 달려간다. 빗속을 달리는 엘리야와 같이.(99. 5. 18)

칭찬도 예술이다

이번 주 제자훈련 생활숙제는 '칭찬 릴레이'이다. 「좋은생각」 6월호에 '칭찬도 예술이다'란 제목의 글에 '칭찬은 바보를 천재로 만든다.'란 말이 있었다. 칭찬은 분명 사람의 마음을 기쁘게 하고 영혼을 활기 있게 하여 두 눈을 빛나게 하는 힘이 있다고 하니 예술과 다를 것이 없다고 생각한다.

그 글에 칭찬하는 요령을 말하고 있었다. 요약해 옮기면 이렇다. '습관을 들이자. 그 자리에서 구체적으로 하자. 군더더기 없이 하자. 다채롭게 하자. 과장되게 하지 말자.'

이 글을 읽기 전에 아내에게 전화해 이렇게 칭찬했다. "당신은 우아한 여성이야. 앞으로 7년 후에는 그 우아함이 대외적으로도 완전히 실현될 거야. 요즘은 스트레스로 조금 찌들어 있는 것 같아." 그런데 여기서 나중에 한 말은 군더더기에 해당한다. 이 책을 조금만 일찍 읽었더라면 산뜻하게 칭찬했을 것을….

칭찬도 예술이라면 더욱 발전시켜야겠다. 너무 현란해 싸구려 티가 나지 않게, 너무 투박하여 촌스럽지 않게, 더운 여름에 냉수처럼 시원하고, 답답한 가슴 시원하게 열어주는 맑은 한 줄기 바람같이 세련되고 얼굴을 빛나게 하는 그런 칭찬을 하겠다. (99. 5. 19)

몸관리도 필수 전략

감기 기운이 나를 휘감고 있다. 엊저녁에 샤워를 하고 알몸으로 이불을 덮지 않은 채 잠 잔 이유인 것 같다. 몸이 그리 튼튼한 편이 아니라서 여름에도 이불을 덮지 않고 자면 다음날 컨디션이 좋지 않다. 오늘 감기는 이런 환절기에 대책 없이 이불을 챙기지 않았으니 미리 예견된 일이다. 이 감기는 하루종일 나를 휘휘 감고 무기력의 길로 자꾸 끌어들였다. 귀찮았다.

신앙 생활에서도 이 이치는 같을 것이다. 한순간이라고 허점을 노출하고 방심하면 사탄은 그 틈을 노려 우리를 물고 늘어질 것이다. 그렇게 되었을 때 물리치기란 상당한 노력이 필요하다. 늘 조심하고 경계를 게을리해서는 안 될 일이다. 경계에 실패한 군인은 용서를 받을 수 없다는 말은 영원한 명언이다. 예수님의 군사로 부름 받은 내가 몸 관리하는 데 경계를 소홀히 해 군인의 일에 충실하지 못했다면 용서받을 수 없다.(99. 5. 20)

함께 있기에 더한 행복

석가탄신일로 공휴일이었다. 제자반 친선 체육대회를 S중학교에서 개최하였다. 날씨는 쾌청. 아홉 제자반이 족구대회를 가졌다. 우리 반은 3반과 겨뤄 이겼으나 4반과 겨뤄 아쉽게 패하였다. 목사님의 헤딩과 L형제의 오른발 공격은 가히 메가톤급이었다. 모두가 열심이었다. 아내와 귀현이 그리고 하준이가 열심히 응원해 주어서 좋았다.

모든 게임이 끝나고 나니 16시 정도 되었다. 우리 반은 소망관 지하에 있는 대중사우나에 가서 물의 부드러움을 온몸으로 즐겼다. C와 Y형제가 빠져 아쉬웠다. 샤워를 끝내고 나오니 나와 L형제의 얼굴은 그야말로 잘 삶아 놓은 문어 머리 바로 그것이었다. L형제야 열심히 뛰어서 그렇다지만 실수를 자주 한 나도 얼굴이 탄 건 왠지 어울리지 않았다.

목욕 후, 형제들과 함께 냉면집에 가서 맛있는 저녁을 즐겼다. 감기 기운이 있어서 뜨거운 육수를 많이 마셨더니 육수를 좋아한다고 어느 제자가 말했다. 이렇게 변명했다. 우리가 제자 6반이다 보니 6이라는 숫자를 좋아하게 되었고 그래서 아마 육수를 좋아하게 되지 않았는가 하고 답변했다.

그 곳에서 나와 볼링장에 갔다. 컨디션이 안 좋아 쉬고 싶었지만 빠질 수 없어서 신나게 볼링을 쳤다. 촌스러운 폼이 무척이나 우스웠을 거라 생각한다. 게임을 마치고 뒷동산에 올라 수박을 먹었다. 어스름 땅거미가 주위를 감싸 오는데서 제자들은 한 마디로 어린아이들처럼 재미있게 웃고 놀았다.

동산에서 내려와서 공원을 거닐었다. 그 옛날 아크로폴리스 언덕의 소크라테스와 그 제자들처럼 거닐며 묻고 대답하고 서로 웃고 하늘을 보며 별을 찾아 추억을 떠올리며 그리움을 나눴다. 이 날 밤 공원에는 별과 추억과 낭만과 우정과 미래 그리고 사랑이 은하수처럼 흘렀다. 헤어지려니 사랑하는 연인이 헤어지는 듯 아쉬움이 남았다. 목사님은 무척 피곤하실텐데도 제자들의 돈독한 우정과 교제와 나눔의 길잡이가 되시기 위해서 끝까지 동행해 주셨다. 최선을 다하시는 그 모습이 아름답고 고마웠다.(99. 5. 22)

적당한 자유냐, 완전한 자유냐

형님의 소득세 신고 문제로 형님 댁에 방문하였다. 형님은 제자훈련에 너무 얽매여서 자유를 빼앗기지 않는 것이 좋겠다고 말했다. 아버지도 전화하셔서 적당히 하는 것이 좋다고 말씀하셨다. 나는 이렇게 말씀드렸다. "이 제자훈련은 그야말로 일생에 한 번 받는 훈련입니다. 재미있는 것은 당연하고 그 유익함이 얼마나 풍성한지 안다면 그런 말씀 못 하실 겁니다. 지금 적당히 하라고 말씀하셨는데, 적당히라는 것이 어느 정도를 말하는지 모르겠군요. 형님도 잘 아시는 바와 같이 물에 들어갈 때 적당히 종아리 정도 차면 걷기가 자유스럽던가요? 아니면 적당히 허리까지 차면 걷기가 자유스럽던가요? 그 정도가 적당하다고 생각할지 모르겠지만 그 정도는 오히려 걷기도 힘들고 수영하기도 힘들어서 이것도 아니고 저것도 아닌 어중간한 상태입니다. 그러나 깊은 곳에 들어가면 자유스럽게 수영할 수 있고 완전한 자유를 누릴 수 있습니다. 신앙 생활도 마찬가지요 훈련도 마찬가지입니다. 한쪽을 포기하면 한쪽으로 힘을 쏟을 수 있어 좋은 것입니다."(99. 5. 23)

저 곳을 바라는 망원경 끼고

국세청장의 취임식이 있었다. 취임 후 간담회 일정이 있어서 회의장을 둘러보며 준비했다. 직제순으로 자리를 배열하고, 통신 상태는 이상 없는지 또 전국 지방청에서는 간담회 내용을 공청할 준비가 다 되어 있는지 점검하였다.

모든 자리를 정돈하고 보니 자리가 그럴 듯했다. 60여 명의 간부가 참석한 회의장에 새로 취임한 청장님이 가운데 자리에 앉아서 취임 소감과 아울러 업무에 대한 당부를 할 때 그 모습이 당당할 것이라는 생각이 들었다.

속으로 '앉지도 못할 자리를 준비하고 있구나.' 하는 생각에 움츠러들었고 불평이 나오려고 했다. 그러나 그것도 순간, 지난번 제자훈련 공부 시간에 목사님께서 묵상한 말씀을 가지고 하신 말이 기억났기 때문이다.

밤늦게 결혼잔치에서 돌아온 주인이 그 동안 충실히 섬긴 종의 발을 씻긴 사건이 있었다. 주인은 예수님이요 그 종은 내가 된다. 핵심은 내가 이 땅에 사는 동안 충실히 주님께서 맡겨준 일을 하다 보면 언젠가는 주님이 오셔서 나를 칭찬하고, 내 발을 닦아주고, 또 만찬에 함께할 것이다. 예수님은 온 우주를 창조한 분이다. 그런 위대한 분과 한자리에 앉아서 식사할 뿐 아니라 다스린다고 하니 상상이 되지 않을 정도다. 그 얼마나 멋지고 황홀할까? 그 자리가 내게 보장되어 있다. 그러므로 이 세상 것이 모든 것인 양 살아갈 일은 아니다. 그러니 그 날을 생각하며 우주의 황태자로서 섬김의 황금알을 낳아 나누어주어야 한다. 비록 나 자신이 그 자리에 앉지는 못할지라도 충성스런 종처럼 최선을 다할 것이다. 그처럼 섬김의 마음을 갖고 일하니 감사하게 정성으로 일할 수 있었다.(99. 5. 25)

약방의 감초, 산책

최근 며칠간 가을을 타는 듯한 마음이 있었다. 외로움 같은 감정이 슬며시 스치고 지나기도 하였다. '봄인데 이런 느낌도 드는구나.' 그래서인지 제자들의 모임이 많이 기다려졌다.

우리 집에서 두번째로 모임을 갖는다. 손님을 맞이하는 게 부담이 전혀 없지는 않지만 반가운 분들을 모실 수 있다는 사실에 행복했다. 아내도 제자훈련 모임에 대하여 내 말로만 듣다가 실제로 보니 너무나 은혜스럽고 또 수고가 많다고 했다. 첫 모임 때, 우리 집에서 울려나오는 찬양소리를 밖에서 들었을 때 무척이나 행복했다고 했다. 그 후로 아내는 목사님의 팬이 되었다. 부드러운 듯 확신에 찬 찬양과 제자들을 향한 불타는 열심 그리고 깊이 있는 강의에 깊은 감동을 받았다고 하였다. 성격이 흐지부지한 나에게 딱 맞는 목사님을 만났다고 몇 번이나 말했다. 자기 선생님을 칭찬하는 말은 언제 들어도 좋다.

목사님을 비롯한 많은 분들이 열심이고 적극적이고 수고를 많이 하시니 저녁을 잘 대접하고 싶은데 어찌해야 할지 모르겠다고 걱정이었다. 아내는 장인 어른과 같이 수산시장도 사전 답사했다고 하였다. 아내의 따뜻한 마음이 고마웠다. 음식 솜씨야 어쨌든 생각 자체만으로도 고마웠다.

설레임으로 맞았다. 모두 오셨다. 반갑고 감사했다. 소찬으로 저녁을 마치고 목사님의 제의로 산책을 나갔다. 장소는 백운호수. 집 주위에 있는 호수였지만 다른 분들이 나보다 더 잘 알았다. 산책 코스로 아주 좋은 곳은 아니었지만 자연을 벗삼아 제자들은 삼삼오오 짝을 지어 거닐면서 부담 없는 대화를 나눈다. 유쾌한 기분과 반가움으로 어우러진 대화 그리고 산책, 이는 정신적 운동과 육체적 운동이 환상적으로 절묘한 조화를 이룬 최상의 교제 방법이라고 생각한다.

　집에 와서 공부를 시작했다. 공부에 들어가기 전 목사님께서는 '기적의 삶'을 주창하셨다. 믿는 사람들은 현실에 안주하여 눈앞의 이익만을 바라볼 것이 아니라 기적을 바라보며 고대하고 사모하는 삶을 살아야 한다는 것이다. 이 기적은 요행이나 우연의 행운을 말함이 아니라 온 우주의 창조자이신 하나님의

'늘 급한 일로 쫓기는 삶'을 읽고

이 책 저자가 가장 먼저 이야기하고 있는 것은 우선 순위를 바르게 정하는 것이 무엇보다 중요하다는 것이다. 일에는 긴급한 일이 있고 중요한 일이 있다. 누구나 중요한 일을 하고 싶은 마음은 인지상정일 것이다. 그런데 긴급한 일이 틈을 주지 않고 밀려드니 이것에 매달려 하루 이틀 사흘… 계속 시간은 간다. 시간이 흐른 후 되돌아보니 중요한 일은 없고 껍데기만 가지고 씨름하였고, 그 날들의 흔적들마저 모래 바람에 묻혀 보일 듯 말 듯하다. 아쉬움만 선명히 강물처럼 흐른다. 긴급한 일 때문에 중요한 일을 제쳐놓았던 날들에 대한 후회가 가슴을 텅 비우게 만들었다. 비유컨대, 먼 바다를 향해 떠난 배

가 목표하는 방향의 나침반은 있었으나 끊임없이 몰려오는 잔 파도를 피하기 위해 키를 이리저리 돌리다 보니 결국 엉뚱한 곳에 도착한 그런 느낌일 것이다. 여기서 절실히 느끼는 것이 등대와 같은 목표는 어디에 있는가 하는 것이다. 즉 눈앞의 것만 신경쓸 것이 아니라 간절히 소망하는 사명을 늘 인식하고 불필요한 것은 제거해야 한다는 것이다. 예수님의 모범을 배운다.

예수님은 마지막 날에 하나님께서 맡기신 모든 일을 완성하였다고 선언하셨다. 참으로 나의 생애 끝에도 그런 고백이 있었으면 좋겠다. 예수님은 3년 간의 공생애 동안 어떤 때는 식사도 거를 만큼 열심히 일하셨다.

능력을 의지하여 나의 가치관이 변하고, 시각이 변하고, 사고가 변하여, 푸른 창공을 힘차게 차고 오르는 삶을 의미함은 물론 실제의 삶에서도 승리하고 기적을 이루며 사는 삶을 말한다고 해석하였다.

이 말씀이 주는 감동을 뒷받침하는 시가 있어 한 부분 적어본다.

'청춘이란 인생의 깊은 샘물에서 오는 신선한 정신, 유약함을 물리치는 용기, 안이를 뿌리치는 모험심을 의미한다. 때로는 이십의 청년보다 육십이 된 사람에게 청춘이 있다. 나이를 먹는다고 해서 우리가 늙는 것이 아니다. 이상을 잃어버릴 때 비로소 늙는 것이다.' (사무엘 울만, '청춘' 중 일부)

공부를 재미있게 마쳤다. 무척 시장기를 느꼈다. 간식으로 인절미를 준비한다고 했다가 준비하지 못했다. 미안함을 감출 수가 없었다. 지나간 시간은 되돌릴 수 없음이 끝내 안타까움으로 남는다.

이 날 이후 아내는 제자훈련에 매력을 느껴 적극적으로 후원하게 되었다. 감사한 일이다.(99. 5. 29)

기쁨을 퍼 올리는 두레박

옥 목사님 설교를 모은 소책자 시리즈 6호가 나왔다. 옥 목사님께서 미국에 가서 한 달 이상 계시다 오셨기 때문에 그 동안에는 책자가 나오지 않았다. 스무 권을 사다가 전도용으로 돌렸다. 맨처음 돌렸을 땐 별 관심이 없어 보였으나, 이번으로 5회에 걸쳐 받고 보니 관심이 가는지 조금씩 읽어보는 사람도 생겼다. 이 소책자를 통해서 하나님께서 놀랍게 역사하시리라 믿는다.

오후에는 신임 청장님께서 국회로 인사하러 가시는데 따라갔다. 의원회관에는 의원용 출입문이 있고, 의원용 엘리베이터가 별도로 설치되어 있다. 그것이 못마땅해 나올 때는 의원용 정문으로 나왔다. 우주의 황태자가 당연히 큰문을 이용해야 한다는 생각에서였다. 그러나 좀더 생각해 보니, 우주의 황태자로서 규정을 준수하고 겸손히 섬기고 자기를 낮출 때, 바로 그 때가 사실은 더 높아지는 때라는 생각이 들었다. 그래서 차 안에서 조용히 국회의원들을 위해 기도하였다. 진정 이 나라에 정의가 하수처럼 흐르기를 간절히 간구했다. 국회의원 모두가 능력 있고 훌륭한 분들인데 어쩌다가 국회의원들이 존경의 대상이 되지 못하고 웃음거리가 되고 있는가.

이 나라가 바로 서기 위해서, 이 국회가 바로 서서 국정을 살펴서 부패를 방지하고 국민의 바른 뜻이 무엇인지 지역구를 통해서 수렴하고 국정에 반영하는 노력이 절실한 때라고 생각되었다. 더욱 간절한 기도가 나왔다.

퇴근 때 느끼는 즐거움이 하나 있다. 바로 전철역에서 집까지 걸어가는 약 7-8분 동안 펼쳐진다. 가족을 곧 볼 수 있겠구나 하는 기대감은 물론 아무런 부담 없이 느릿느릿 걸으며 찬양도 하고, 기도도 하고, 하늘을 올려다보며 노래하는 것인데 그 재미가 보통이 아니다. 오늘은 은혜로운 찬양이 떠올라 손을 들고 찬양하며 걸었다. 아마 다른 사람들은 나를 보고 이상하다고 할 수도 있었을 것이다.

찬양은 기쁨의 샘물을 퍼 올리는 두레박인가 보다.(99. 5. 31)

겨울·봄·여름·가을·겨울

여름

다시 또 겨울

오페라 감동

아침에 하루를 위해 기도하다가 저녁에 오페라 갈 일이 생각났다. 오늘도 분명 야근할 상황이 벌어질 것은 뻔한데 어떻게 하나 하는 마음이 들었다. 이 오페라 관람은 제자반 모임일 뿐 아니라, 우리 제자반 형제 중 한 분인 Y집사님이 주연으로 공연하기에 빠질 수가 없다. 아울러 오페라를 한 번도 본 적이 없기에 이번 기회에 꼭 보고 싶은 마음 간절했다. 그래서 자연스럽게 오페라에 참석할 수 있도록 도와달라고 강하게 기도했다.

아침 9시 50분쯤 사무실에 긴급 상황이 발생했다. 재경부장관이 귀국하면서 국세청의 업무 보고를 17시 30분에 받겠다고 연락이 온 것이다. 긴급대책회의가 열리고 급히 서둘러 보고서를 작성하였다. 시간 맞추어 청장님과 국장님, 과장님께서는 재경부로 가고 나니 갑자기 사무실에는 할 일이 없게 되었다. 문서 작성하는 여직원에게도 예상치 않게 일이 빨리 끝났으니 일찍 퇴근하라고 하였다. 내가 오페라에 갈 수 있는 상황이 자연스럽게 이루어진 것이다.

기도의 위력을 모르는 사람은 우연한 상황이라고 생각할지 모른다. 하지만 그런 상황은 하나님께서 강권적으로 역사하신 것이라고 믿는다. 오! 주님, 감사합니다. 기도하여 승리하는 기적의 삶은 내 것이라고 강하게 외친다.

처음 본 오페라인데 무척 재미있었다. 웅장한 오케스트라, 많은 사람들의 어우러진 화음, 아름다운 율동과 배우들의 표정이 나를 감동시켰다.

한 가지 제자훈련생으로서 적용할 것이 있었다. 그 오페라에 나오는 메모리 노는 거짓 약장사로부터 가짜 사랑의 묘약을 사서 진짜로 알고 먹는다. 그리고 그 약에 의지해서 담대하게 행동했으며 끝까지 그 약효가 나타나리라 믿는다. 사실은 평범한 포도주에 불과했는데….

예수 믿는 사람은 어떠한가. 하나님은 나의 아버지로, 온 우주를 창조하시고 운행하시는 주인이시다. 또 예수님은 어떤 분인가. 나를 위해 죽고 또 죽음을 이기시고 부활하신 분이다. 그분을 내가 구세주로 섬긴다면 정말로 멋지게 살아야 하는데 그렇게 살지 못하고 있는 것은 아닌지 반성해 보았다.

오페라가 끝난 다음 제자들은 조용한 커피숍에 모여 서로 소감을 나누었다. 멋있는 대사가 생각났다. 아디나는 메모리노에게 왜 이렇게 쫓아다니느냐며 나를 제발 잊어달라고 하였을 때, 메모리노가 대답한 말이다. "흐르는 시냇물에게 물어보오. 왜 고향산천을 등지고 자꾸 바닷속으로 흘러만 가는지? 시냇물은 대답할 것이오. 나도 알지 못하는 큰 힘에 이끌리어 갈 뿐이라고."

내게 물어보오. 왜 그대는 항상 제자반을 생각하고 그리워하는지를? 나는 대답할 것이오. 나도 알지 못하는 큰 힘에 이끌리어 갈 뿐이라고.

비가 많이 내렸다. 목사님께서 집까지 태워주셨다. 무척 감사함이라.

(99. 6. 1)

돛단배에 부는 순풍

아침에 일어나자마자 주님을 부를 수 있음이 감사했다. 기적의 삶을 들은 다음 날 아침부터 잠자리에서 일어나자마자 기도하게 되었다. 전 같았으면 졸음에 겨워 횡설수설 기도했을 게 분명하다. 그렇지만 이번에는 달랐다. 오늘까지 3일간 계속되었다. 오늘은 좀 늦었지만 열심히 기도했다. 밀린 업무가 있어 그것에 대하여 집중적으로 기도하였다. 평소에는 업무를 놓고 기도한 적이 없다고 생각된다. 기도를 끝내고 나니 고급 녹차를 마신 것처럼 입안에 개운함이 감돌았다. 업무가 신속하게 처리되었다. 계획했던 대로 일을 깔끔하게 처리하였다. 바쁘고 힘든 업무가 있을 때 더 많은 기도가 요청됨을 실감했다. 기도는 돛단배에 불어오는 순풍이다.(99. 6. 2)

설교요약 주님이 주시는 쉼 (옥한흠 목사)

예수님은 우리를 일컬어 수고하고 무거운 짐을 지고 있다고 하였다. 옥 목사님은 이 말씀과 관련하여 인생을 '무거운 달구지를 끌고 가는 소와 같다'라고 말했다. 힘든 삶에는 절대적으로 '쉼'이 필요하다. 육체적인 쉼도 중요하지만 더욱 중요한 것은 마음의 쉼이다. 마음이 모든 생명의 근원이기 때문이다. 이 마음의 쉼을 얻는 비결은 예수님의 초대에 응하기만 하면 된다. 바로 예수님을 믿음으로 얻는 것이다. 이 예수님은 우리를 안심시키고 두려워하지 말라고 말씀하실 뿐만 아니라 세상 끝날까지 나와 함께 계시겠다고 하신 분이다. 이분이 오라고 하신다. 쉼을 주시겠다고 한다. 이분을 구주로 믿고 나가 의지하면 된다.

둘째는 예수님이 주시는 쉼은 그의 멍에를 메는 데서 얻는 것이다. 이 멍에는 마음이 온유하고 겸손한 예수님이 만드신 멍에다. 온유하고 겸손하다는 말은 우리를 이해하고 불쌍히 여기신다는 말이다.

평택 가는 기차 안에서

평택세무서에 다녀왔다. 부동산 조회한 사실을 감사하는 과정에서 해명이 되지 않는 부분이 있어 내 설명이 필요했다.

오랜만에 기차를 타니 감회가 새로웠다. 약 열 달 전에는 날마다 타고 다니던 기차다. 그 때는 기차를 타는 것이 무척이나 싫었다. 이유는 기차 타고 출퇴근 하게 된 것이 내 뜻이 아니었기 때문이다. 어느 날 출근해 보니 평택으로 발령 났다고 했다. 그 때의 기분은 비참하기까지 했다. 나 혼자만 발령이 났는데 유례가 없는 사건이었다. 자존심도 많이 상했다. 그렇게 해서 기차로 출퇴근하게 된 것이 무려 2년 9개월 가량이었다. 그 기간 동안 단 하루도 마음 편한 날이 없었다. 첫 인상이 싫었던 평택은 아직도 마음에 드는 구석이 한 곳도 없다.

되돌아보면, 그 과정은 나를 향한 하나님의 훈련이라고 생각한다. 아마 그 때 평택에 가지 않고 집 가까운 세무서나 다니고 있었다면 지금까지 대충대충 살아가고 있을 것이다. 그 곳에서 괴로움을 느끼며 앞으로 어떻게 살아야 할까 하며 생각할 수 있는 계기를 얻었다. 정신적 성숙의 계기가 되었다고 생각한다.

사람은 누구나 '감사' 받는 것을 좋아하지 않는다. 그렇지만 피할 수 없는 일이다. 그 중에서 가장 중요한 감사는 죽음 후에 있을 심판일 것이다. 그 때가 언제인지를 아는 사람은 없다. 이 기차의 종착역은 부산이지만 사람들은 수원이나 또는 나처럼 평택에서 내릴 수도 있고 종착역에서 내리는 사람도 있는 것처럼. 그리고 하나님의 심판대 앞에 서야 한다.

감사에서 완벽히 해명이 되지는 않았으나 감사하는 사람이 가졌던 당초 오해는 풀리고 자료만 소명하면 되게 되었다.

돌아오면서, 하나님의 은혜와 예수님의 십자가 보혈에 대하여 얼마나 감사했는지 모른다. 사람이 하는 감사는 사람을 죽이고 살리는 것도 아니요, 아무리 큰 불이익이라 해도 견책 정도이다. 그러함에도 사람이 감사관 앞에 서면 긴장되는데 나중에 정작 하나님의 심판대 앞에 섰을 때는 얼마나 두려울까. 한평생 살면서 짓는 죄가 한두 가지가 아닐 것이요 먹보다도 더 검은 죄로 점철된 삶일 것이다. 죄의 목록을 보면 변명의 여지가 없을 것이다. 그 결과는 지옥이다. 지옥에서의 그 기간은 한두 해가 아니다. 영원한 형벌이다. 얼마나 끔찍하고 무서운가.

그러나 하나님의 은혜로 예수님의 십자가 보혈로 모든 죄는 깨끗해지고 영원히 천국에서 살게 되는 것이다. 예수님만 믿으면 심판이 두렵지 않게 되었다.

예수님의 은혜를 관념적으로 이해하고 믿었는데, 오늘 직장에서 조그만 감사를 받으면서 사후에 있을 심판을 깊이 생각해 보게 되었다. 그리고 예수님의 피의 공로가 얼마나 큰지 실감하게 되었다.

국세청 감사에서는 징계를 받았을 때, 청장 이상의 표창이 있으면 한 단계 낮추어서 적용해 사소한 경고로 끝나고 만다. 그래서 직원들은 표창을 받기 위해서 노력하고 있다. 감사를 대비하기 위한 방편도 있다. 세상 일도 이렇다면 하늘나라의 심판을 위해서는 무엇을 하고 있는가. 예수님을 믿으면 그 잘못이 완전히 씻겨져 하늘나라로 간다. 모르면 어찌 준비할 수 있는가. 이런 사실을 믿지 않는 사람에게 널리 알려야 한다. 듣지 못하면 어찌 알 수 있고 또 믿을 수 있겠는가.(99. 6. 3)

오히려 감사한 일

아침부터 사무실에서는 내 교육 문제에 대해 말이 많았다. 6월 7일부터 19일까지 2주간 교육 명령이 내려왔다. 예정된 일이었는데 문제는 예상치 못한 상황이 발생한 것이다. 청장님 취임 이후로 국장급 인사 이동이 며칠 안에 있을 예정이며 국장, 과장이 모두 바뀌게 될 예정이다. 그에 따라 많은 업무가 발생할 텐데 내가 교육 가고 없으면 사무실이 마비가 될 것이라고 한다. 그래서 교육을 7월로 미뤘으면 좋겠다고 하였다.

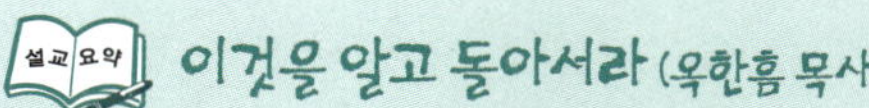

날 구원하시고 사랑하시는 하나님, 일용할 양식과 가정 평안을 주시는 하나님, 사랑스런 자녀 주신 하나님, 가장 좋은 은사를 내려주시기를 원하시는 하나님께 감사해야 한다. 다음은 내 주위에 있는 사람들에게 감사해야 한다. 그러면 범사에 감사할 수 있는 자가 된다. 신앙의 날씨에 따라 좌우되지 말고 마음으로, 입으로 또 예물로 감사하여야 한다. 설교를 들으며 이 말세 때에 감사하며 사는 것이 얼마나 중요한지 알게 되었다. 감사한 것들을 생각하니 무엇보다도 감사한 것은 하나님께서 나를 구원하여 자녀삼아 주신 것이다. 그렇지 않았다면 불신자들처럼 무정한 사람이 되고, 가치 없이 돈만을 추구하여 국세청에서 살아남지 못하고 불명예스럽게 되어 있을 수도 있고, 그렇지 않을 경우 지금도 부정한 이익을 추구하면서 정직한 다른 직원들에게 피해를 입히고 있을지 모를 일이다. 그런데 나를 구원해 주셨으니 얼마나 감사한지 모르겠다. 더더욱 감사한 것은 나를 구원하신 하나님이 나의 아버지가 되신다는 것이다. 하나님께서 내 아버지가 되시고 나는 하나님 아버지의 아들이 된다는 사실에 감사가 넘쳐 감격스럽다. 하나님의 손에 의하여 살아지고 있음을 느낀다.

사실 나는 이 문제를 놓고 기도하였다. 왜냐하면 이번 교육을 가게 되면 이 기간 동안 제자훈련에 불성실할 것 같았기 때문이다. 교육을 가면 그 교육에 온힘을 다해야 되기 때문에 제자훈련 과제물에 소홀할 것임이 틀림없다. 특히 독서 과제물은 손도 못 댈 것이기 때문이다.

그러나 7월에 교육을 가게 되면 제자훈련이 방학에 들어가 교육에 총력을 기울여도 별 문제가 없다. 이런 이유로 7월에 교육을 가는 것이 좋겠다는 말은 반가웠다.

이 문제를 놓고 기도하였다. 이번 달에 못 가서 잘되었다고 속으로 생각하고 있는데 내 마음을 모르고 있는 사람은 내가 섭섭하게 생각할 것이라고 판단했을지도 모른다. 과장님은 7월에 교육 받도록 교육원과 인사계에 협조를 얻어 꼭 보내주겠다고 장담하셨다. 이 말이 완전히 이행되리라고는 생각지 않는다. 사람의 일이란 어떻게 바뀔지 그 누구도 알지 못하기 때문이다. 그러나 하나님께서는 사람처럼 식언치 않으신다고 하셨다. 그 성실이 크다고 하였다. 이런 하나님이 내 아버지시기에 감사하다. 그 결과 하나님께서 내 기도를 들어주시고 인도해 주실 것이라 확실히 믿기에 감사하고 마음놓고 살아갈 수 있다.

(99. 6. 4)

내게 다가온 십자가 보혈

아침에 출근하면서 찬양을 듣고 싶어 라디오를 켰으나 찬양은 흘러나오지 않았다. 찬양 테이프를 가지고 있었으면 얼마나 좋을까 하는 생각이 들었다.

목사님께서는 지난 제자반 모임에서 이런 말씀을 하셨다. "요즘에는 예수님의 십자가 피에 대한 찬양이 별로 없다." 전에 생각하지 못한 사실이었다. 유심히 살펴보니 그런 점이 있다. 소녀들이 읽는 감각적인 시처럼 감각적인 찬양이 많았다. 묽은 커피 같은 느낌이 든다.

오늘 아침에는 진한 십자가 보혈에 관한 찬양을 듣고 싶었다. 기억나는 찬양을 불렀다. 예수님에 대한 느낌이 새롭게 다가왔다. '나의 평생 자랑은 주의 십자가로다. 주의 보혈 흐르는데 믿고 뛰어 나아가 주의 은혜 내가 입어 깨끗하게 되었네'

전에 피상적으로 알던 예수님의 십자가 보혈이 반복적인 공부를 통하여 구체적으로 내게 다가옴을 느낀다. 부끄러운 이야기지만 전에는 예수님을 하나님 다음으로 생각한 적이 있었다. 기도할 때도 하나님께 다 말씀드리고 마감 형식으로 예수님의 이름을 생각하였다. 최고 권력자에게만 잘 보이려는 인간의 속된 마음 그대로였다.

예수님의 사랑이 구체적으로 나에게 다가온 후로는 자연스럽게 나의 마음을 지배하였다. 예수님 사랑해요.(99. 6. 5)

애틋한 사랑을 담아

제자반 모임은 L집사님 댁에서 있었다. 오후 3시경부터 보슬비가 내렸다. 아침에 우산을 준비해 가지고 온 게 아니어서 걱정이 되었다. 비가 조금 덜 내리는 것 같아 오후 4시 30분쯤 교회에서 모임 장소로 떠났다. 막상 모임 장소에 도착하니 시간이 너무 일렀다. 시간보다 일찍 방문하는 것도 예의가 아니다. 준비가 덜 된 상태에서 손님이 밀어닥치면 난감하기 때문이다.

저녁을 먹은 다음 제자들은 양재동 시민의 숲을 걸었다. 빗방울이 우산 위로 토닥토닥 떨어지고, 한적한 공원에는 숲의 호흡으로 푸른 생명감이 출렁였다. 비를 맞은 넝쿨장미의 고혹적인 자태에 가슴이 설레고, 비에 젖은 숲의 향기는 가슴을 푸르게 물들이고도 넘쳤다. 삼삼오오 짝을 이룬 제자들의 동심 어린 웃음과 대화는 바쁜 현대 생활에서 쉽사리 찾아볼 수 없는 삶의 기쁨이다.

식사 후에 즐기는 산책, 이것은 우리 제자반의 특허품이라고 생각한다. 훈련이 끝나도 삶이 힘들 때면 그리워지는 아름다운 추억이 될 것이라 믿는다. 그때, 이 추억은 새 힘을 얻는 산책길로 날 인도하리라 믿는다.

공부를 시작하면서 찬양을 많이 했다. 목사님의 기타 선율에 맞춰 찬양하는 제자들의 모습은 천국의 모습 가운데 하나임이 틀림없다. 찬양 중에 이런 찬양이 있었다.

'나의 사랑 나의 생명 나의 예수님, 영원토록 정성 다해 사랑합니다. 나의 힘 되신 여호와여, 내가 사랑합니다. 영원토록 정성 다해 사랑합니다.'

목사님께서 미국 미시간에서 유학 생활할 때 많이 불렀다는 이 찬양은 예수님을 향한 애틋한 사랑이 담겨 있었다. 미시간에는 눈이 유난히 많이 내린다고 한다. 10월부터 다음해 3월까지는 눈이 늘 쌓여 있을 정도라고 한다. 고국을 떠나 낯선 이국에서 공부할 때, 외로움과 향수병은 늘 가슴에 눈처럼 내리고 또 쌓여갔을 것이다. 그럴 때마다 눈을 감고 간절히 이 찬양을 부르면 가슴에 쌓인 그리움의 눈은 그리스도를 향한 뜨거움으로 녹아 눈물로 흘렀을 것이다. 이제는 그런 것들이 제자들을 향한 사랑으로 변했다는 느낌이 감사함으로 내 가슴에 촉촉이 젖어 왔다.(99. 6. 6)

'화성에서 온 남자 금성에서 온 여자'를 읽고

이 책은 남자와 여자가 본질적으로 얼마나 다른가를 말하며, 남녀가 서로 평화를 누리며 행복해지기 위한 대책을 구체적인 사례로 상세히 설명하고 있다.

저자는 남자와 여자의 차이를 화성과 금성이라고 한다. 남녀의 차이가 그만큼 크다는 사실을 재미있게 표현한 것이다.

사람은 남자가 반 여자가 반으로 존재한다. 수량이 그렇고 가치와 역할에서도 그렇다. 이 사실은 남자에게 있어서는 여자가, 여자에게 있어서는 남자가 중요한 존재임을 의미한다. 남녀가 서로의 완성도를 높이려면 더불어 같이 협력해야 한다. 그러므로 남자는 여자를, 여자는 남자를 모르고서는 완성된 의미를 이룰 수 없다. 이성에 대하여 서로 알아야 할 필요성이 여기에 있다.

사람이 가장 소중하게 생각하는 것은 행복하게 사는 것이다. 모든 사람들이 행복해지려고 노력해 왔고 앞으로도 사람들은 부단히 행복을 추구하여 다방면에서 노력할 것이다. 이런 점에서 남자와 여자는 서로의 행복에 중요하게 작용한다. 남녀의 기본 단위는 가정이다.

따라서 가정은 행복의 터전이어야 하고 사회의 행복을 이루는 기초가 되어야 한다. 행복은 서로 행복해야 행복한 것이다. 이런 의미에서 서로 행복하게 해 주기 위해서 서로를 알아야 한다.

내겐 하늘 아빠가 있다!

밤 10시 30분에 집에 도착하였다. 현관에 많은 신들이 어지러이 널려 있었다. 큰 동서 작은 동서네 식구들과 처남네 식구들이 모여 있었다.

내가 집에 들어서는 소리가 들리자마자 우리 집 아이 둘이 총알같이 뛰어나와서 매달리고 뽀뽀하고 한마디로 난리였다. 다른 사람들로부터 나는 부러운 눈빛을 한몸에 받았다. 처남은 아들 하나라서 적적하고, 큰 동서는 딸 하나라서 늘 아들에 대한 선망이 가슴에 묻혀 있고, 작은 동서는 아들만 둘이라서 무덤덤하다고 하였다. 감사하게도 나에겐 하나님께서 딸 아들을 주셔서 얼마나 감사한지 모른다. 그런데 오늘은 우리 아이들이 왜 이렇게 평소보다 유난히 나에게 매달리고 반가워할까 생각해 보니, 다른 사촌들은 다 아빠가 있는데 우리 아빠는 왜 안 오실까 하며 속으로 아빠 없는 위축감을 느꼈을 것 같았다. 그러던 중 내가 도착하니, '얘들아, 나도 우리 아빠가 계신다.' 하고 자랑하고 싶은 마음과 자신감이 이렇게 표현되었을 것이라 생각한다. 자식 없는 부모도 자식 있는 사람을 보면 부러운 법인데, 하물며 부모 없는 어린아이들은 부모 있는 아이들이 얼마나 사무치게 부러울까! 어떤 사람이 하는 이야기를 들어보면, "그저 병들어 능력 없는 부모라도 살아계시기만 한다면 얼마나 행복할까요?" "어머니의 그 꺼칠한 손 한 번만 잡아보았으면…." 더 이상 말을 잊지 못하고 그리움에 북받치는 눈물을 떨구는 사람도 보았다. 그런데 나에게는 우주의 황제이신 영원한 아버지가 계시다. 유한하고 변덕이 죽 끓듯 하는 아버지도 아닌 신실하고 영존하시는 아버지, 하나님 아버지가 계시다. 얼마나 감사한가! 영원히 나는 고아가 될 수 없다. 나를 영원히 사랑하시는 그 아버지가 계심을 새삼 깨달았다. 감사하여라.(99. 6. 7)

말단 직원이 던진 격려

국장님이 광주지방국세청장으로 가게 되었다. 송별의 의미로 직원들과 점심을 같이 하셨다. 자리에서 국장님은 앞으로도 잊지 말고 살아가자고 말했다. 그 말씀하실 때 어딘지 모르게 어려운 임지로 부임하면서 갖는 착잡한 심정이 얼굴에 나타났는데 이유는 전혀 연고가 없는 곳으로 가기 때문이다. 이번 인사는 호남에는 유능한 영남 출신의 사람이 가고, 영남에는 탁월한 호남 출신 인사가 가게 된 것이 특징이다. 그 배경은 골이 깊은 영·호남의 지역주의를 타파해 보자는 것이다.

점심 분위기가 조금 익어가자 나는 송사를 하겠다고 일어섰다. 분위기가 갑자기 전환되었다.

"국장님께 드립니다. 국장님께서는 이 나라 동서의 깊은 골을 메꾸어 평지로 만들 역사의 개척자며 선구자로 떠나십니다. 국장님께서 광주로 떠남에는 오래 전부터 예정되었던 일이라 생각합니다. 왜냐하면, 국장님의 함자인 있을 재(在) 빛 광(光)은 오늘날 광주(光州)로 가셔서 큰 일을 이룩하라는 뜻입니다. 이 일이 결코 쉽지 않은 일이기에 국세청에서는 물론 이 나라의 지도자가 되기 위한 역량을 성숙시키기 위한 놀라운 뜻이라고 생각합니다. 이런 의미에서 국장님의 부임을 진심으로 축하드리며, 하나님의 축복이 늘 함께하시기를 기원합니다. 감사합니다."

우레와 같은 박수가 양철 지붕에 우박 쏟아지듯 터져나왔다. 국장님의 얼굴에서 새로운 의미가 빛나는 것을 느꼈다. 위축된 마음이 상당히 풀어진 것 같았다. 그러면서 나의 이 말을 넣어 취임사를 다시 쓰라고 서기관에게 당부했다. 직위의 고하를 막론하고 세상 사람들은 세상일에 많이 흔들린다.

　　이럴 때 우주의 황태자는 위축된 자를 격려하고 의미를 새롭게 해석하여 용기를 주는 자세가 필요하다.
　　말단 직원이 지방청장을 격려하는 것은 세상적인 의미에서가 아니라 우주의 황태자이기에 할 수 있는 일이다.(99. 6. 9)

올곧게 살아가기

어떤 사람이 무명으로 보낸 충고문을 받았다. 며칠 전, 본청 각 국실과 7개 지방청에 업무 지시에 관한 기안문을 작성해 발송한 적이 있다. 이 사람은 그 기안문을 복사한 후 잘못된 부분을 지적하여 보낸 것이다. 거기에 한마디 덧붙였다. "본청에서 기안한 내용은 가장 모범이 되어야 합니다. 왜냐하면 지방청에서 다시 일선에 지시 공문을 내려보낼 때, 본청에서 보낸 기안문을 그대로 따라야 하기 때문입니다."

지적해 준 분이 누구인지 몰라도 무척 고맙게 생각한다. 아랫사람이 저지른 잘못은 몰라서 그러려니 하고 지도해 주면 허물이 되지 않지만, 윗사람이 저지른 잘못은 아랫사람들이 그대로 받아들이기 때문에 신중을 기해야 한다.

요즘 예수 믿는 사람들의 입장이 말이 아니다. 만민중앙교회 사건, 고급 옷 로비사건에 연관된 교회의 직분자들…. 이 시대는 진정으로 크리스천의 올바르고 정직한 삶이 요구된다.

나 자신도 우주의 황태자로서 바르고 성실하고 모범 되는 삶을 살아야겠다. 비록 손해가 되고 능력이 없어 보인다 할지라도 성령님의 뜻에 따라 끝까지 올곧게 살겠다.(99. 6. 10)

하준아 고맙다!

지쳐서 집에 돌아오니 하준이와 귀현이가 반겨준다. 귀현이는 인사하고 곧 들어가 잠에 떨어졌지만, 하준이는 책 읽어달라고 한다. 같은 책을 두 번 읽어주고 나와서 시원한 거실에 앉아 책을 읽으려 하는데 하준이는 따라나와서 옆에 앉는다. 들어가 엄마 옆에서 자라고 했더니 방에 들어갔다가 다시 나와서 내 무릎을 베고 누워서 자지 않고 내 얼굴을 바라보았다. 얼마나 애틋한 사랑을 느꼈는지 모른다.

나는 하나님의 아들이다. 하나님께 형식적인 예절을 지키는 것도 매우 중요하지만 자꾸 따르고 사랑을 표현하고 더욱 가까이 다가갈 때, 그 때에 더욱 친밀한 관계가 형성되어 나갈 것이다.

하준이는 나에게 하나님 앞에서 어떻게 행동해야 하는지를 가르치는 스승이다.(99. 6. 15)

아내에게 바치는 사랑의 헌시

오늘은 제자훈련 1학기 종강하는 날이다. J집사님 댁에서 모임이 있었다. 공부는 16시에 시작하여 19시에 끝났다. 나는 17시 30분에 오기로 한 아내가 18시가 넘어도 오지 않아 답답했다. 마음은 붉으락푸르락하였다. 18시 30분쯤에 아내와 귀현이 하준이가 도착했다.

저녁을 먹고 오늘 모임의 하이라이트가 시작되었다. 이름하여 아내에게 바치는 사랑의 헌시 시간이었다. 아내에게 사랑을 고백하는 내용을 써 온 편지를 읽는 시간이었다.

모두들 진솔한 사랑의 고백을 담은 편지를 잔잔히 읽어 내려갔다. 어느 대목에서는 콧날이 시큰해지기도 하였다. 앞으로 더 열심히 주님의 은혜 안에서 살아보자는 내용이 많았다.

나는 막내라서 그런지 맨 나중에 읽게 되었다.

어린왕자 J가 여우 K에게

덩굴장미가 온 거리를 온통 사랑의 정열로 가득 채우는 아름다운 6월 중순입니다.

어린왕자 J는 이 깊은 밤에 이 생각 저 생각에 사로잡혀 편한 잠을 이루지 못하고 있습니다. 그것은 당신에게 어떤 편지를 쓸 것인가 깊이 생각하기 위함입니다.

이 편지를 이해하기 위해서 먼저 나를 어린왕자 J라고 부른 것에 대해 말하겠습니다. 지난 주일에 교회 고등부 교사 몇 분과 같이 교제할 시간이 있었는데, 그 때 서로 옆 사람의 별명을 지어주자는 제의가 있었습니다. 이 어린왕자라는 말은 바로 거기서 얻은 별명입니다. 그 자리에 있었던 사람들이 어린왕자라는 말은 내 별명을 위해 준비된 것이라고까지 이구동성으로 말하는 것을 듣고, 새롭게 생각하는 계기가 되었습니다. 여우 K는 당연히 나의 숙 곧 그대를 말함이지요. 그 바람에 책꽂이에서 잠자던 어린왕자를 깨워서 두 번이나 대화할 수 있었습니다.

어린왕자는 나에게 많은 의미 담긴 말을 하였습니다. 그런 말을 할 수 있게 된 데는 어린왕자가 사막에서 만난 여우 때문이었습니다. 어린왕자와 여우와의 만남이 없었다면 그 책의 내용은 의미 없는 껍데기 이야기로 끝나고 말았을 것입니다. 어린왕자로 하여금 많은 사람의 사랑을 받게 한 것은 여우입니다. 어린왕자 J가 있음은 바로 나의 여우 K가 있었음이라는 것을 깊이 깨달았습니다. 당신은 여우라는 말이 마음에 들지 모르겠습니다. 그러나 나는 적어도 이 편지에서는 그렇게 부르고 싶습니다.

나의 K!

오늘 이 편지를 통해서 그동안 말하지 못했던 것, 또 하고 싶은 말들을 하고 싶습니다.

돌이켜 되돌아보면, 12년 전 조그만 개척교회에서 우리는 만났습니다. 집안의 반대로 헤어짐도 있었으나 재회하게 되었고 우리 주님의 축복으로 한 가정을 꾸몄습니다. 오늘까지 오면서 평안의 잔잔한 바다를 항해한 적도 있었고 때로는 캄캄해 보이는 상황에서 눈물을 흘린 적도 있었음을 기억할 것입니다. 이러한 일은 이제 지난 과거입니다. 앞으로는 우리가 어디를 그리고 무엇을 바라보고 나가느냐가 중요하다고 생각합니다.

　오늘 이 자리에서 K에 대한 J의 생각을 고백하고자 합니다. J와 K, 우리는 이미 서로에게 너무나도 소중한 존재가 되었습니다. 나에게 있어 K는 이 세상에서 단 하나의 유일한 존재이고, 당신에게 있어 이 J 역시 이 세상에서 유일한 존재가 될 것이라고 믿습니다. 그러기에 나는 K에게 성실할 책임이 있습니다. 그런데 이 책임이라는 말이 나오니 남자로서 괴로움이 앞섭니다. 요즘 당신의 생활을 돌아봅니다. 살림이 힘겨워 어린이 교육이라는 미명하에 영업을 하는 당신, 얼마 전 당신을 안았을 때 그 야윔이 너무 서러워 남자로서 가슴이 메었습니다. 장미 향수 대신 파스 냄새가 가득하여 사나이 마음에 뜨거운 눈물이 흘렀습니다.

　생각해 보면 당신의 땀으로 생활에 도움이 됐다는 사실을 비감으로 인정합니다. 이 야윔과 땀이 헛되지 않기를 기도함은 언젠가는 당신이 흘린 땀이 환한 웃음으로 피우기를 원함입니다. 여자 팔자 남자에게 달렸다는 그 말이 나를 억누르지만 가난하나 정의를 향하고 배부름보다는 마음의 평안함을 원함입니다.

　밝고 맑은 숙!

　여행자에게는 별이 안내자의 역할을 합니다. 순례의 길을 동행하는 당신과 나 즉 J와 K는 주님 안에서 밝게 빛나는 희망이라는 별이 있습니다. 그 별이 있기에 우리는 이 길을 힘차게 걸어갈 수 있습니다. 지금 당장은 어렵고 앞으로 어려운 사막을 만난다 하더라도 그 길을 즐겁게 걷고 또 그 사막을 아름다운 곳으로 볼 수 있음은 그 어딘가에 샘이 숨어 있기 때문이라는 어린왕자의 말을 기억합니다.

나의 여우인 K!

우리에겐 온 우주를 창조한 하나님이 우리 아버지가 되셔서 끝까지 사랑하시고 또 온 우주보다 귀한 두 자녀가 있습니다. 이 세상에서 가장 부자가 얼마나 많은 돈을 가지고 있는지는 몰라도 지구 하나의 범위를 초월 못 할 것입니다. 하지만 우리에겐 최소한 우주를 만드신 아버지가 계시고 우주 같은 값을 가진 두 자녀가 있습니다. 그러니 보이는 것에 너무 관심을 갖지 말고 보이지 않는 것에 더 관심을 가집시다. 어린왕자의 말이 다시 떠오릅니다. '이 물이 맛있는 것은 별빛 아래 밤길을 걸었고 도르래의 노랫소리를 들으며 내 두 팔로 퍼 올린 물이기 때문입니다.' 세상이 뭐라 해도 정직하고 바르고 내 힘으로 수고한 것의 열매를 먹기 원합니다.

밝고 맑은 나의 숙!

지난 해 8월부터 업무상 매일같이 심야에 귀가하고 또 새벽같이 출근한 날이 오늘까지 이어졌습니다. 나 자신도 피곤하지만 당신과 아이들에게도 미안한 마음이 늘 가시지 않습니다. 당신이 이것 때문에 짜증을 낼 때는 괴로운 점도 많았습니다. 특별히 내가 조국과 민족을 위한다는 뚜렷한 사명감을 갖고 있는 것도 아니요 단지 사무실 상황에 따라 어쩔 수 없이 그렇게 해야 하는 나 자신이 왜소해지기 때문이었습니다. 어린왕자에게 여우, 여우에게 어린왕자는 서로 길들여져야 합니다. 그러면 서로를 위해 울 각오가 생긴다고 생각하기 때문입니다.

어린왕자가 자신의 왜소함으로 쓰러져 울 때, 바로 그 때 그에게 나타나 새로운 삶의 본질을 이야기하여 새로운 별과 샘물과 장미의 의미를 깨닫게 한 여우를 생각합니다. 사실은 그 여우도 사냥꾼의 총구를 피하던 급한 상황인데도 쓰러져 우는 어린왕자를 지나치지 않았습니다. 나 어린왕자 J는 사랑스런 여우 K와 이런 대화를 늘 갖고 싶습니다. 나에게도 너무나 잘못된 점이 많습니다. 어린왕자 J는 이기심이 많고 성질이 급하고 넉넉히 참아주고 기다려주지 못하여 당신에게 많은 상처를 주었습니다. 이 자리에서 사과합니다. 잘 해 보려고 노력하고 있습니다. 나의 제자훈련 마칠 때에는 당신이 늘 하던 말이 잘못되었다고 하고 싶습니다. 사람의 성격은 죽을 때까지도 바뀌지 않는다고 한 말. 지금은 어린왕자라서 그렇지만 좀더 성장하여 황태자가 되면 넉넉해지리라 생각합니다. 어린왕자를 위하여 울어주던 여우처럼 이 부족한 어린왕자 J를 위해서 나의 여우 K여! 나의 숙이여! 울어주는 마음을 가졌으면 얼마나 좋을까 생각합니다.

사랑하는 나의 여우 K, 나의 당신!

영원히 기억될 이 제자반에서 나는 공개적으로 외칩니다. 나의 아내 나의 여우 나의 김명숙! 사랑합니다. 우리 이 땅에서 만나는 수고로 땀 배인 많은 날들 중에서 입술에서 찬양이 끊이지 않고 또 늘 기도함은 주님이 우리에게 생명 주셨기 때문입니다.

우리 손 잡고 이렇게 노래합시다.

매일 새로운 날이어라!

매일 승리의 날이어라!

나도 행복했고 아내도 행복했고 아이들도 무척이나 행복한 날이었다.

(99. 6. 19)

이 설교는 '더불어 한길 축제'라는 이름으로 열릴 대각성전도집회를 앞두고 선포된 전도에 관한 내용이다. 전도의 대가였던 사도 바울은 전도한 경험을 이야기하였다. 바울은 복음을 전할 때, 멋진 말이나 사람의 지혜로 하지 않고 십자가에 달린 예수 그리스도만을 두렵고 떨리는 마음으로, 성령이 보여준 증거대로 말하였다고 했다.

이 말에서 보듯이 전도하는 데 무용지물이 두 가지가 있으니, 하나는 말과 지혜의 아름다움이요 또 하나는 자신감이다. 반면에 전도하는 데 필수불가결한 두 가지가 있으니 첫째는 예수 그리스도와 십자가이며 둘째는 성령님의 나타나심과 능력이다.

전도는 예수님의 지상명령일 뿐 아니라 시대적 요청이다. 세상에 있어 유일한 희망은 예수님뿐이다. 이 시대적 과업을 달성하기 위하여 할 일은 성령님의 능력을 구하는 일이다. 성령님의 능력은 그리스도 안에서 역사하여 죽은 자들을 다시 살리신다. 또 성령님의 능력이 아니고는 누구든지 예수를 주라 할 수 없다고 하였다. 이런 능력을 가진 성령을 믿고 의지해야 함은 당연한데 그 방법 중 하나는 기도다.

성경은 전도할 때 왜 기도해야 하는지 말하고 있다. 그 이유는 이 세상 신이 믿지 않는 자들의 마음을 혼미케 하여 그리스도 영광의 복음의 광채가 비춰지 못하게 하고 있기 때문이다. 또 어두움의 세상 주관자들과 하늘에 있는 악한 영들에 대항하여 이들로부터 성도를 구하기 위함이다.

이 방법은 기도다. 기도는 잠깐 있다가 사라지는 연기 같은 것이 아니라 엄청난 힘이 있기 때문에 무시로 성령 안에서 기도해야 한다.

예수님은 무화과나무를 말리는 기적을 보이면서 기도의 엄청난 위력을 말씀하셨다. 믿음이 있고 의심치 아니하면 이 무화과나무에게 된 이런 일뿐만 아니라 이 산을 향해 '땅에서 들려 바다에 빠져라' 하여도 될 것이요 너희가 기도할 때에 무엇이든지 믿고 구하는 것은 다 받으리라고 하셨다.

이 말씀에 의지하여 기도를 생각하면 가슴이 뛰고 피가 뜨거워지며 기도에 열심을 내야겠다고 생각된다. 그런데 시간이 지나면 자꾸 잊혀지고 기도가 때로는 귀찮아지고 자꾸 미루게 된다.

낙타 무릎처럼 될 때까지 기도하겠다고 다짐하지만 작심삼일이다. 기도하는 데 까다로운 절차나 특별한 장소 또는 경제적인 것이 필요치 않다. 언제 어디서라도 은혜의 보좌에 나갈 수 있다.

산 정상 풍경

오늘은 K목사님의 제자반 1기 2기 3기가 모여서 등산 가기로 되어 있는 날이다. 오후 4시 30분에 사무실에서 나왔다. 전철을 타고 버스를 타고 청계산 입구에 도착하니 O, J집사님이 나를 기다리고 있었다. 구둣발로 산에 올랐다. 오르다 보니 우리 제자반의 본대를 만났다. J형제가 큰 수박을 메고 올라가고 있었다. 얼마 가다가 내가 받아 메고 올랐다. 둥글둥글한 수박인지라 등에 딱 달라붙지 않아서 메기가 힘들었다. 그러나 그것도 얼마 가지 않아서 깨 먹었다. 지나가는 젊은 부부에게도 한 조각 줄 너그러운 마음이 있었다.

수박 대신 참외를 메고 가니 가볍고 좋았다. 산 정상쯤에서 선배들을 만나 합류하였다. 나무 사이를 빠져 나온 바람이 우리의 땀에 젖은 몸을 어루만지니 가슴 속 그리고 창자 속까지 시원함을 느꼈다. 옆을 둘러보니 나무 사이로 보이는 것은 망망대해가 펼쳐져 있을 것 같은 착각을 일으킬 탁 트인 시야뿐이다. 곧 저 하늘에서 갈매기 소리가 들려올 듯하며 저 수평선 위로 덮인 뭉게구름을 뚫고 점 같은 배가 점점 크게 다가올 것 같다. 그리고 발 밑에서는 파도가 철썩거리며 해안을 만지고 있을 것 같다.(99. 6. 26)

겨울 · 봄 · 여름 · 가을

다시 또 겨울

예비해 주신 부서 이동

비상계획담당관실로 발령 받았다. 어제까지는 아침 8시까지 출근해 밤 10시 30분까지 늘 팽팽하게 뛰던 생활이었다. 이 곳에 와서 숨을 돌리고 한 발짝 떨어져 바라보니 험한 파도 헤치고 부두에 들어온 느낌이다.

지난 7월초부터 기획예산담당관실은 바쁨 그 자체였다. 7월 중순에 개최될 전국관서장회의 때문이었다. 전국 세무관서장들이 청와대 영빈관에서 김대중 대통령께서 베푸는 오찬에 참여해야 하기 때문이다. 청와대에서 200여 명이 오찬을 같이한다고 할 때, 준비 사항이 오죽 많겠는가. 그것뿐인가. 회의는 회의대로 해야 하니 자료 준비에 만전을 기해야 했다. 약 2주 동안은 조금의 여유도 없었다.

이 기간에도 제자훈련이 있었다면 아마 참석 못 하지 않았을까 생각한다. 다행히 방학이라서 마음은 편했다.

8월에 접어들면서는 본격적인 이사 준비에 바빴다. 이 전 청사가 붕괴될 위기에 처해 있기에 새로 지어야 하는 형편이었다. 신축하는 동안 임시로 임차 청사를 구해 이사해야 했는데 바로 현재 사용하고 있는 종로타워다. 이 곳은 옛 화신백화점 자리로 삼성생명에서 초현대식 인텔리전트 빌딩으로 지은 건물이다.

가정도 이사하려면 할 일이 이만저만이 아니다. 하물며 한 국가 기관이 움직여서인지 여러 가지로 신경 쓰이고 일이 많았다. 이사 준비하고 이사하여 뒷정리하느라고 피곤했다. 이런 시점에 제자훈련 모임이 있었다면 어찌하였을까 하여 아뜩함을 느낀다.

나는 제자훈련을 잘 받기 위해 시간적으로 조금 여유가 있는 부서를 원했다. 그래서 많이 기도한 결과 이 부서로 오게 되었다. 아무리 생각해도 하나님의 은혜요 예비된 길인 것 같다. 3일 후 제자훈련이 개학되면 최선을 다해 마무리해 볼 생각이다.

이 곳은 하나님께서 보내신 자리라는 것을 믿는다. 지금 생각해도 마찬가지다. 감사하다…. 여기에서 비상(非常)이 아닌 진짜 비상(飛翔)을 위해 도약하고 꿈꾸고 노력할 것이다.(99. 9. 1)

'참 사랑은 그 어디에'를 읽고

이 책의 저자는 마지막 부분에서 이런 말을 하였다. "우리는 하나님의 사랑을 나르는 도관(導管)이 돼야 합니다." 이 말에 전적으로 동감한다.

사랑의 특성은 사랑을 받았으면 또 사랑이 없는 곳으로 흘려보내서 그 곳에도 사랑의 물결이 출렁거리게 해야 한다. 사랑을 나눈다고 해서 줄어드는 것이 아니고 더 풍성해지는 것이 또 다른 특성이다. 내가 이런 엄청난 사랑을 받았으니 하나님의 놀라운 사랑을 흘려보내는 도관으로 역할을 다하고 싶다.

이 책을 읽으면서 가장 깊이 감명 받은 부분이 이 부분이었다. 나아가 내 자신이 도관이 되는 것만으론 흡족해 보이지 않았다. 큰 강이 되고 싶었다.

저 갈보리 십자가 언덕에서 발원한 사랑의 강물이 점차 넓게 그리고 깊게 흐르는 길고 긴 사랑의 강. 그 사랑의 푸른 물이 굽이치며 도도히 흐르는 바다 같은 강. 그런 강이 되고 싶은 마음에 사로잡혔다. 기도하고 기도하였다.

그 놀라운 사랑이 메마른 모든 곳을 충분히 적셔서 아름답게 열매맺도록 넘쳐 흐르는 강물. 그런 강물이 내 가슴에서 흐르길 바라며 기도했다.

추억 그리고 공감

드디어 기다리던 2학기 제자훈련이다. 첫 모임 장소는 안성수양관이었다. 교회에서 15시에 만나서 Y형제의 승용차로 안성으로 향했다. 좀 좁았지만 오랜만에 만났다는 기쁨에 젖어 좁은 줄도 몰랐다. 한 사람도 지각하지 않고 모두 모였다. 새로운 기쁨이 있었다. 수양관에서 족구를 하다가 평택에 있는 음식점으로 저녁 먹으러 갔다. 오리고기 전문점이었다. 운동을 해 배도 고팠지만 오리고기 찜이 정말 맛있었다.

가을이 되어서 그런지 날이 금방 어두워졌다. 차 안에 가수 해바라기의 감미로운 음악이 흘렀다. 노래가 맑고 가사가 한 편의 동시처럼 고왔다. 저 멀리에서 네온사인이 화려하게 펼쳐져 있는데 이런 음악이 흐르니 그야말로 감성적인 그리움에 가슴은 소리 없이 젖어들었다.

수양관으로 들어와서 외등이 밝게 빛나는 뒤뜰로 나왔다. 청솔 향기가 조용히 내리고 그 가운데서 귀뚜라미와 여치가 마음껏 노래하였다. 잔디와 바위가 어우러진 곳이었다. 분위기에 취해서 들어가고 싶은 마음이 들지 않았다. 수양관 마당에 놓여 있던 흰색 의자를 가지고 와서 둥글게 둘러앉았다. 그린필드에 흰색 의자 그리고 연보랏빛을 내리는 외등 그리고 청솔 내음과 풀벌레의 노랫소리…. 진정으로 품격을 갖춘 우주의 황태자들의 자리로 손색이 없었다. 평안하고 행복한 시간이었다.

목사님께서는 특이한 제안을 하셨다. 각자 초등학교 시절을 회상하고 가장 기억이 남는 추억들을 이야기해 보자는 것이었다. 어려웠던 이야기, 즐거웠던 이야기, 슬픈 이야기 등등 끊임이 없었다. 가장 나이가 많은 C집사님의 6·25전쟁 이야기는 체험담이라 실감이 났다. 말씀하시면서 그 때 상황이 떠오르는

지 목소리가 떨리고 손이 떨리는 모습까지 보았다. 가장 나이가 적은 나로서도 공감되는 부분이 많아 재미있었다. 혼자서 어린 시절을 생각하면 소재가 한정되어 있는데 같이 모여서 이야기하다 보니 추억의 범위는 한없이 뻗어나갔다. 자기 이야기이며 직접 겪은 추억이다 보니 이야기가 끝날 줄을 몰랐다. 5명이 추억을 이야기하는 데 3시간이 훌쩍 지나버렸다.

그 정도에서 멈출 수밖에 없었다. 마지막으로 목사님께서 앞으로 신앙 생활을 어떻게 할 것인가에 대하여 말씀하시고 모임을 마쳤다.(99. 9. 4)

일상의 첫 단추 꿰기

아침에 일찍 일어나지 못해 서둘러야만 했다. 그러다 보니 당연히 신경이 날카로워져서 기분 좋게 집에서 나오지 못했다. 아내는 내 뒤에다 대고 변덕이 죽 끓듯 한다고 하였다. 아침에 영적인 생활을 못한 결과임을 안다.

사무실에 와서 기도하려고 해도 잘 되지 않는다. 간단히 기도하고 말씀을 차분히 읽는다. '원하옵기는 이 말씀을 읽을 때, 성령님께서 이 말씀의 깊은 의미를 제가 정확히 깨닫게 도와주세요. 저는 저자께서 직접 말씀하시는 것을 듣고 싶습니다. 이 성경은 성령님의 감동으로 된 책입니다. 그러니 당연히 저자는 성령님이십니다. 그러니 이 말씀을 제게 직접 풀어서 감동되게 들려주세요.'

말씀의 의미를 생각하며 감사하고 나니 마음이 온화해지고 친절의 마음이 생겼다.

우리 과 직원들은 나에게 친절하다고 말한다. 그런데 왜 아내에게는 마음이 풀리지 않고 섭섭한 마음이 들고, 안으로 꽁하고 오그라드는 마음이 드는지 모르겠다. 자꾸 단점만 떠오르니 말이다.

우리 다락방 교재를 구입하려고 서점에 갔다. 살펴보다 '남편을 위한 아내의 기도'라는 책이 있어 샀다. 솔직한 마음은 아내에게 선물로 주기 위함보다는 요즘에 아내가 기도에 무관심한 것 같아서 '이 책 읽고 남편을 위해서 기도 좀 해라. 남편이 잘 되어야 당신도 잘 되는 것 아닌가?' 하는 마음에서였다. 이 책을 통해 아내가 기도하는 아내가 되었으면 좋겠다. 얼굴에 평화가 넘치고 입에서는 은혜로운 말이 늘 흘러나왔으면 좋겠다.(99. 9. 9)

그리웠던 사람들과 꿈마을 여행

2학기되어 본격적인 제자훈련이 다시금 시작되는 날이다. 그 동안 방학 때문에 충만하던 자아정체감도 많이 시들어 버렸다. '우주의 황태자' 또는 '우주의 개선 장군'이라는 신분의식이 세상의 분주함 속에 묻혀 버린 것이다. 모래 속에 묻힌 위대한 문명처럼 잠자고 있었다. 영적으로 메말라가고 있었다. 그래서인지 자신감에 찼던 지난날의 화려했던 모습을 꿈꾸게 되었다. 그래서 이 날이 오기를 기다린 것이다.

역시 깨달음은 만남을 통해서 이루어지는 것 같다. 시들어가는 가슴에 서로 불을 붙여주는 만남을 통해 잃어버린 신분을 다시 찾게 되는 사실을 실감했다. 그래서 더욱 이 날을 기다렸다.

드디어 이 날이 왔다. 설레임으로 맞이했다. 훈련 시작하는 데 방해될까 봐 교육도 포기했다. 더욱 감사한 일은 하반기 제자훈련을 위하여 차분히 일할 수 있는 부서로 옮긴 것이다.

첫 제자반 모임을 가졌던 C형제님 댁에서 모였다. 모두가 반가운 표정이요 즐거움의 도가니였다. 맛있는 음식을 같이 먹었다. 위의 상태가 썩 좋지 않아서 조심스럽게 꼭꼭 씹어 먹었다. 음식이 너무 맛있게 조리되어 입에서 살살 녹았다. 즐거운 시간이었다.

식사 후 우리 제자반의 자랑거리인 산책을 하였다. 올림픽공원으로 갔다. 내 심정은 갇혀 있던 강아지가 풀린 것처럼 좋아서 이리 뛰고 저리 뛰었다. 몇 번 와 보았지만 공원 깊숙한 곳까지는 들어와 보지 않았는데 이 공원의 심장부라 할 수 있는 몽촌토성 길에 이르렀을 때 나는 탄성과 함께 옛 백제의 숨결을 느낄 수 있었다. 아득한 세월의 간격, 옛 백제인의 사랑과 애환이 세월의 강을 훌

쩍 뛰어넘어 선들선들한 가을 바람 속에 실려오는 것 같았다. 우리가 산책을
시작한 때는 완전히 어둠이 내리지 않은 오후 7시였다. 우리 제자반은 두 무리
로 나뉘어 걸었다. 걸음이 빠른 분들과 나처럼 걸음이 느린 사람들의 무리. 뒤
에서 조용히 거닐면서 여러 가지 생각에 잠겼다. 앞선 분들이 공원의 능선을
따라 걸어가는 모습은 야릇한 감흥을 일으켰다. 초가을의 어두움이 풀벌레 소

'영적 전쟁'을 읽고

이 책의 저자는 어둠의 세력과 싸워서 이긴
실질적인 경험들을 예화로 들면서 사단의
세력에 대하여 소상히 알려주고 있다. 그것
들의 특성, 조직과 전략 그리고 여기에 대
항하여 그리스도인이 처신할 태도에 대하여
성경을 인용하여 구체적으로 제시하고 있
다. 이 책을 통해 어두움의 세력에 대해 깊
이 알게 되었다. 그 세력은 조금의 빈틈이
없다. 완벽하다. 그러나 분명한 것은 이 세
력은 이미 예수님에 의해서 무력화되었다는
사실이다. 예수님을 영접하였다면 이 세력
에 대항하여 승리의 삶은 보장된 것이다.
그렇다고 가만히 있어도 되는 게 아니다.
노력해야 한다. 그 방법은 우리의 전 삶의

과정에서 이루어진다. 생각과 마음과 입의
말까지도 구체적으로 준비해야 한다.
이 책은 나의 삶을 들여다보게 하였다. 옹
졸하였던 모습, 교만으로 거들먹거리다가
쓴맛을 보았던 모습, 몇 번이나 화내지 않
겠다고 다짐하였지만 화를 내고 난 후 '마
귀야 네가 나를 이겼다. 그러나 다음에는
그렇게 안 될걸.' 하고 독백하던 모습, 특히
열등감으로 위축되었던 기억들이 떠올랐다.
이 책을 읽으며 생각해 보니 이런 문제에
대항하는 방법이 소극적이었다는 것을 알았
다. 이제 적극적인 방법으로 대항하여 볼
생각이다. 일어나 빛을 발하는 모습, 이것
이 나의 모습이 되어야 할 것 같다.

리 따라 소리 없이 내리는 한적한 공원, 그리고 공원의 능선을 조금만 넘으면 현란한 수도 서울의 불빛이 공존하는 곳 바로 그런 곳이었다. 서울의 중심부가 된 잠실벌의 전기불빛이 능선을 걸어가는 사람들의 실루엣을 선명히 만들어 내었다. 공원의 언덕은 고운 잔디로 입혀 있어 어두움이 내려오며 사막의 모래 언덕처럼 부드러웠다. 백제인의 부드러운 미소인가, 백제 여인의 젖가슴인가 그 속에서 구르고 싶은 마음이었다. 공원에는 잔디와 오동나무 그리고 청솔과 갈대숲이 있어 가을의 깊은 속처럼 호젓했다. 멀리서 아련하게 비춰오는 불빛 으로 신비로움까지 자아냈다. 산책은 단순한 걸음이 아니라 과거와 현재 즉 백 제와 서울을 넘나드는 시간으로의 여행이었다. 몽촌토성이 3세기에 축조되었 다고 하니 지금까지 약 1,800년의 세월의 강을 건너고 있었던 것이다. 공원 이름 '몽촌'이란 말처럼 과거의 그리운 사람들을 향한 꿈마을 여행이었다.

다시 한 번 느끼는 것이지만 우리 제자반의 이 산책은 메가톤급의 고귀한 가 치를 가지고 있다. 얼마나 즐겁고 행복한지 삶으로 향하는 오솔길의 산책이다. 웃고 대화하고 걷다 보니 속이 쌀쌀하고 불쾌하던 게 어디로 사라지고 삶의 충 만한 기운으로 가득 찼다. 공원 넓은 터에는 하늘로 솟아오를 것 같은 조형물 이 설치되어 있었다. 그 모습에 창공을 향한 기상이 넘쳐서 곧 치솟아 오를 듯 했다. 그러한 기상이 나에게 꼭 전달되는 듯했다. 그 이름 비상(飛翔)! 내가 비상 계획담당관실로 옮긴 것 또한 무관하지 않으리라 믿는다. 비상(非常)이 아닌 비 상(飛翔)! 비상(飛翔)하기 위해 비상(非常) 체제를 갖춰 노력해야 하리라.

유익한 산책이었다. 곧 이어 공부에서 놀라운 은혜를 받았다.(99. 9. 11)

존귀하신 그 이름

아침에 사무실에 일찍 나온다. 기도하고 조용히 말씀을 본다. 중요한 내용이 있으면 노트에 옮겨 적는다. 급한 마음에 글씨를 휘갈겨 쓴다. 그러다 보니 '하나님' '예수님' '성령님'이란 글도 못 알아볼 정도로 휘갈겨 썼다는 사실을 알았다. 전에도 동일하게 써 왔는데 그 사실을 깊이 깨닫지 못했다. 존귀하신 그 이름을 경외감 없이 함부로 마구 썼다는 자책감이 생겼다. 이럴 수는 없는 것이다. 성경 기자들은 성경을 쓰다가 '하나님'이란 말이 나오면 쓰던 붓을 깨끗이 빨아서 정성스럽게 썼다는 이야기를 들었다. 존귀한 그 이름은 정자로 정성스럽게 쓰는 것이 하나님을 경외하는 시작일 것이다. 앞으로 그렇게 할 것이다.(99. 9. 13)

생활 속 전도

오늘 아침 사무실에서 K씨가 라디오를 켜려고 이것저것 만져보아도 작동되지 않았다. 내게 "이거 어떻게 켜지요?" 하고 물었다. 원인을 살펴보니 전원의 스위치가 연결되어 있지 않았다. 즉시 전원 스위치를 연결하니 아름다운 아침 멜로디가 맑게 흘러나왔다.

나는 자연스럽게 전도할 지혜를 얻었다. 직원들이 차를 한 잔씩 마실 때 조금 전에 있었던 이야기를 자연스럽게 하였다. "조금 전 K씨가 라디오를 켜려고 하였는데 켜지지 않았어요. 왜 그런가 살펴보았더니 전원 스위치가 연결되어 있지 않았습니다. 그러니 당연히 작동이 될 리 없지요. 저는 여기서 이런 생각을 해 보았습니다. 사람도 이와 똑같은 이치가 적용된다고요.""그게 무슨 말이지요?" 한 직원이 물었다. "저 라디오는 이상 없이 작동하는 라디오지만 전원이 연결이 안 되니 무용지물 아니었습니까? 사람도 겉으로는 훌륭하고 다 살아 있는 것처럼 보여도 죽어 있는 사람이 많습니다. 왜냐하면 라디오에 전원이 없는 것처럼 하나님과 연결되어 있지 않기 때문이지요. 라디오와 전원을 연결하는 것이 전선인 것처럼 하나님과 사람을 연결시키는 것이 예수님입니다. 우리가 영원히 살고 또 잘 살기 위해서는 바로 예수님을 믿어 영원한 생명의 소유자인 하나님과 연결이 되어야 합니다. 바로 구원을 얻는다는 것입니다. 예수님을 믿어 영생을 얻읍시다." 사영리를 복사해 줄 필요가 있어 최신 복사기가 있는 전 사무실에 가서 사영리를 복사하였다. 복사해 한 부씩 나눠주고 사탕을 주며 이 사탕을 먹는 동안 읽어보라고 하였다. 다른 직원이 와도 소파에 앉게 한 후 차를 한 잔 주면서 아침 사건을 이야기하였다. 좋은 경험이다.(99. 9. 14)

내 마음 말씀 옹달샘

아내와 같이 새벽예배를 드렸다. 순서는 찬송가에서 한 곡을 선정하여 영광 돌리고, 성경을 읽고 개인 기도를 약 30분 하는 것이다. 기도 시작하기 전에 아내는 성경을 깊이 배우고 싶다고 하였다. 통신신학이라도 하면 어떨까 하는 아내의 물음에 나는 그것도 좋지만 성령님의 조명을 구하고 조용히 읽다 보면 깨우침을 주지 않을까 하고 말하였다.

사실, 성경을 깊이 알고자 하는 마음은 내가 더 클 것이다. 성경에 희망의 원천이신 하나님의 뜻이 있고, 지혜로운 하나님의 유일한 지혜가 있다고 확신하기 때문이다. 세상에서 살면서 큰 희망을 가슴에 품고 놀라운 지혜로 살아가고픈 마음이 늘 갈증을 느끼게 한다.

말씀을 대할 때, 그 깊은 뜻을 잘 이해할 수 없을 때가 많다. 그 때마다 예수님의 말씀이 나오면 그 당시 예수님 심정이 되어서 말씀을 대하고 싶고, 바울 서신서를 읽을 때는 바울의 심정이 되어서 그 글을 읽고 싶다. 글자의 뜻을 뛰어넘어서 말씀의 행간에 흐르는 놀라운 뜻을 깨닫고 싶은 마음이다.

성경을 읽을 때마다 기도 제목은 성령님의 조명이다. 모든 성경은 하나님의 감동으로 된 것이라고 하였다. 하나님의 감동은 성령님의 역사함을 의미할 것이다. 그러니 성경 말씀의 저자는 성령님이시다. 저자만큼 그 책을 완전히 이해하는 분은 없을 것이다. 저자는 그 책에 기록되지 않은 집필 동기와 수많은 사연을 가지고 있을 것이다. 그러므로 나는 성경의 저자이신 성령님께서 나에게 직접 강의해 달라고 기도한 것이다. 바로 저자의 직강을 의뢰하는 것이다.

이렇게 말씀을 알고자 하는 이유는 말씀의 달콤함도 있지만 온전히 예수님의 사람이 되고자 함에 있다. 예수님은 말씀이 육신이 되신 분이다. 말씀은 곧 예수님이시다. 말씀을 감동으로 깨달아 마음 속에 모시고 지킨다는 것은 예수님을 내 안에 모시는 것과 같다. 그러나 말씀을 깨닫지 못함은 예수님이 내 안에서 활동하지 못함을 의미한다. 따라서 말씀을 깊이 깨닫고 왕성하게 활동함은 예수님이 내 안에서 즐겁게 거주하는 것이다. 말씀 곧 예수님이 나를 인도하고 능력과 지혜를 주실 것이다. 즉 말씀을 깨닫는 것이 희망과 지혜의 근거가 된다고 생각한다.

또 한 가지는 이런 생각에서이다. 값비싼 보석을 보관하는 상자를 천한 것으로 할 수는 없다. 또 소중히 품위 있게 유지해야 한다. 말씀을 통해 내 안에 들어오셔서 역사하는 예수님은 온 우주의 창조자시다. 나는 이 우주에서 최상의 고귀한 분을 모신 사람이다. 그러므로 그에 따르는 품격을 유지해야 한다. 그 품위를 지키고 싶은 마음이다.

말씀을 바로 깨달아서 마음에 두고 희망과 지혜 그리고 품격을 가진 멋진 사람이 되고 싶다.(99. 9. 16)

400원이나 남은 인도하심

오늘은 제자반 모임에서 산책 대신 우면산으로 밤을 따러 가기로 되어 있었는데 비가 와서 가지 못했다. 원하기는, 밤 따러 가는 것은 못 가도 좋으니 이 비가 여름 내내 어려운 중에서 눈물과 땀으로 이룬 농작물에 피해가 없도록 해 주길 간절히 바랐다.

모임은 J형제님의 집에서 있었다. 도착해 보니 목사님을 비롯해 대부분의 형제들이 와 계셨다. 인사를 나누고 가장 먼저 물어보는 것은 '비가 이렇게 내려서 밤 따러 갈 수 있겠느냐?' 는 것이었다. 밤 따러 가는 것은 불가능해 원래대로 교육문화공원에 산책가기로 했다. 모임에서 산책이 빠지면 반찬 없이 밥만 먹는 것 같은 느낌이기 때문이었다.

모임 장소까지 오는 중에 있었던 이야기를 하나 적고자 한다. 조금 부끄러운 이야기지만 하나님의 도우심을 느낀 일이다. 오전에 물건을 구입해야 할 일이 있어 물건을 사고 보니 지갑에 비참하게 1000원짜리 한 장만 있었다. 주로 지하철을 타고 다니고 있고, 정액권이 늘 있어 걱정되지는 않았으나 교회에 들러 모임 장소로 가려면 버스를 두 번 갈아타야 할 입장이었다. 다행히 버스요금 1000원은 있었지만 난감한 사실들이 떠올랐다. 토큰을 살 곳이 없다는 것, 그렇다고 상점에 들어가서 동전을 바꿔달라고 하기 힘들다는 것, 버스에서는 잔돈을 거슬러주는 시스템이 없다는 것, 그러니 먼저 버스에 올라 요금을 내고 뒷사람이 낼 요금을 받아야 하는데 요즘은 거의 전자카드로 요금을 낸다는 것, 목적지가 짧기 때문에 다음 정거장에서도 잔돈을 못 받으면 할 수 없이 내려서 걸어가야 하는데 걷기는 좀 멀고 또 비 오는데 약속 시간을 많이 넘길 것이라는 사실들이었다.

나의 도움이 되시는 주님께 기도드렸다. '주님, 저의 현 사정이 이렇습니다. 창피 당하지 않고 품위 유지하며 목적지에 도착하게 도와주세요.' 어느 버스를 탈까 이리저리 살피고 있는데 마을버스 하나가 내 앞에 와서 섰다. 별 관심 없이 표지판을 보니 가고자 하는 1단계 장소인 양재역에 간다고 되어 있었다. 관심을 갖고 운전석을 보니 요금은 300원이고 잔돈도 거슬러주는 것이었다. 이

이 책은 우리 교회 옥한흠 목사님께서 심혈을 기울여 쓴 책이다. 목사님의 목회철학과 그 열정이 고스란히 담겨 있었다. 사랑의교회는 세계적으로 제자훈련으로 유명한 교회다. 등하불명이라고 하였던가. 내가 제자훈련을 받기 시작한 지 벌써 6개월이 흘렀고, 우리 교회에 등록한 지 4년이 훨씬 넘었는데 제자훈련의 교과서라 할 이 책을 이제서야 읽었다는 사실이 부끄럽다. 목사님은 제자훈련의 필요성을 성경에 근거하여 매우 논리적이고 설득력 있게 목회자를 대상으로 쓰셨다. 이 책을 통해 저자이신 목사님의 목회철학과 제자훈련의 목적을 극명하게 이해할 수 있었다. 제자훈련의 목적을 이해하게 되어서 남은 2학기 제자훈련을 어떤 방향에 맞추어 나가야 할 것인가를 알게 하였다. 지금까지 나는 제자반 목사님의 훌륭한 지도로 내 일생에 큰 전환점이 될 제자훈련을 지난 1학기 동안 열심히 받았다. 교재공부와 목사님의 열정이 담긴 강의, 제자반의 진솔한 교제, 숙제를 통한 영적 성장과 대인관계 개선 등은 대단한 성과물이다. 이러한 공부가 본론이었다면, 이 책에서 옥 목사님께서 주장하신 내용은 서론 부분에 해당된다고 하겠다. 이제야 제자훈련의 안내 내용을 담은 이 책을 읽으니 서론과 본론이 연결이 되어 결론을 향하여 나갈 분명한 방향이 보인다.

런 마을버스가 있는 줄도 몰랐다. 나는 속으로 '아! 기도의 응답이다. 감사합니다.' 하며 올랐다. 양재역에서도 마을버스가 있었다. 요금은 300원. 무려 400원이나 남는 인도하심이었다. 주님은 역시 나의 작은 신음에도 응답하시는 하나님이심을 새삼 알게 되었다. 할렐루야!

　식사 후에 공원을 산책하였다. 비가 멈추었다. 몇 번 온 공원이었지만 비가 멈춘 공원은 호젓했다.

　나의 마음의 소원에 관심을 갖게 된 일이 있었다. 공부가 거의 끝나갈 무렵 목사님께서는 우리의 기도 시각을 넓힐 필요가 있다고 말씀하시며, 기도 제목을 만들어야 한다고 하셨다. 그러시면서 세계와 나라와 사회와 남북문제 그리고 교회문제에 대한 기도제목을 각자 한 분야씩 맡아서 개발하자고 제안하셨다. 즉각적으로 이것은 내 기도의 응답이라고 생각해 세계문제를 내가 맡겠다고 자청하였다. 그 배경은 이렇다. 지난 수요예배에 참석했다가 WEC 선교에 대하여 알게 되었다. 그 때 느낀 것이 너무 우물 안의 개구리 식으로 세계에 대하여 아는 것이 없다는 사실이었다. 이어서 내 가슴에 일어난 감정은 세계에 대하여 알고 싶고, 또 여행을 하고 싶다는 것이었다. 그런데 오늘 이 제자반 모임을 통해 세계에 관심을 가질 수 있는 기회가 생긴 것이다. 마음이 있는 곳에 길이 있고, 또 눈이 열리는 법이니 열심히 지구촌에서 일어나는 일에 대하여 살펴보고자 한다. 때가 되면 여행할 날이 오리라.(99. 9. 17)

섬길 수 있는 축복

주말연속극 재방송을 보고 있었다. 그 때 아내는 이런 말을 하였다. "귀현이 아빠, 지난 주에는 신기한 일이 많이 생겼어요. 글쎄 말이에요, 오래 전 상담하고 나서 잊었던 고객들로부터 물건을 사겠다는 주문이 들어왔어요. 새까맣게 잊었던 사람들이었어요. 신기한 일이죠? 아마 지난 주에 들어온 돈을 아까운 마음을 참고 옛날 섬기던 교회에 헌금했기 때문이 아닌가 싶어요. 꼭 그렇다는 것은 아니고요." 아내는 어린이 교육교재를 제작하여 판매하는 회사에서 근무하고 있다.

"글쎄, 하나님의 도우심으로 그럴 수도 있겠지. 아무튼 돈을 많이 벌게 되었다니 나로서는 좋은 일이야." 하고 말했다. 사실, 어제 제자반 공부에서 배운 바대로 섬길 수 있다는 그 자체만으로도 축복인데 거기다가 하나님께서 더욱 축복하신다니 꿩 먹고 알 먹는 식이다. 하지만 아내가 지금 돈을 많이 벌게 되었다는 그 사실 자체로 감사해야지, 힘든 교회에 헌금했기 때문이라고 생각하면 안 된다고 생각한다. 섬김은 섬김 그 자체로 감사할 일이기 때문이다.(99. 9. 20)

아내가 달라졌어요

요즘 아내가 얼마나 다정다감하고 싹싹하게 변했는지 모른다. 저녁에 이렇게 물어보았다. "귀현이 엄마, 자기 요즈음 왜 그렇게 변했어? 당신이 완전히 다른 사람인 것 같아. 청소도 아주 깔끔하게 하고, 말도 부드럽게 하고 왜 그래? 제자훈련은 내가 받는데 당신이 변하고 있으니 이상한 일이야." 아내는 예상 밖의 답을 했다. "자기가 지난번에 사 준 책 있잖아요, 그 책을 읽어보니까 서로 화목하려면 상대방의 흠을 고칠 생각을 말고 그 사람 비위에 맞추라고 되어 있었어요. 그래서 당신이 까다롭다고 이야기하기 전에 당신 스타일대로 맞추려고 그래요. 그러니까 여러 가지로 좋아요." 그 말에 나는 약간 당황했다. 왜냐하면 그 책을 사 준 것은 선물 개념이 아니라 '요즈음 기도를 별로 하지 않는 것 같은데 이 남편을 위해서 기도 좀 열심히 해라. 남편이 잘 되면 좋은 것 아니냐?' 하는 책망의 개념이었기 때문이다. 그런데 아내는 이런 나의 시커먼 속도 모르고 책을 선물로 사준 천사표 마음으로 알고 있는 듯해서이다.

그래서 느낀 점은, 말로 책망하고 약점을 잡아 마음을 상하게 할 것이 아니라 덮어주는 마음을 가지면 상대방이 변하는구나 하는 점이었다.(99. 9. 21)

관심은 꿈의 새싹

지난 제자반 모임에서 자청하여 맡은 임무를 시작했다. 각종 신문, 주간지, 월간지에서 '국제'란의 기사들을 모았다. 더 나아가 참여연대국제인권연합회의 자료를 수집할 예정이다.

관심이란 사람의 눈을 새롭게 열리게 하는 것 같다. 이렇게 보니 관심은 사람의 삶의 방향을 열어 가는 새싹이라고 생각한다. 관심이 좀더 자람에 따라 강렬한 소망이 되면 그것은 '꿈'이 된다. 나는 '꿈'을 갖고 그것을 성취한 사람들을 보면서 생각한 사실이 있는데 바로 꿈이란 무엇일까 하는 것이다. 어찌 보면 꿈이란 사람의 실체이고, 사람의 외형은 꿈의 그림자인 것 같다. 꿈이 사람을 끌고 가는 것이고 육체는 단지 꿈을 싣고 따라가는 것이다. 따라서 꿈이 있으면 부요하고, 외롭지 않고, 눈동자가 빛날 수 있다. 결국 관심은 꿈의 새싹이다. 관심이란 것도 사람 속에 잠재해 있는 꿈이 끌어들이는 것이니, 더 젊은 날에 여러 방면에 관심을 가져보고 꿈이 끌어들이는 관심을 가슴에 옮겨 심는 것은 큰 축복이리라.

이제 세계 문제는 지구촌 문제로 남의 문제가 아니다. 곧 나 자신의 문제가 되었다. 이 관심의 표현으로 지구본을 구입하여 사무실에 설치하기로 하였다. 예산 때문에 어렵다면 세계 전도라도 사다 붙여 놓고 보기로 하였다. 그리고 그 나라의 특색을 연구하기로 하였다.

지구촌을 향한 관심! 그것은 하나님의 또 하나의 축복이다. 제자훈련에서 얻은 다른 시각의 눈이다.

동티모르 사태, 타이완의 대지진 등은 현재 가장 심각한 기도 제목이다.

(99. 9. 22)

고향집

집에 와 있으니 마음과 몸이 안온하다. 부모님의 집이고 어머니가 주는 음식이 입에 잘 맞아서 속이 편안하고, 형제들이 모두 즐거워하기 때문이다. 비록 이불에서는 가을장마로 곰팡이 냄새가 나도 어린 시절 추억의 냄새 같아 거부감이 없다. 제자반에서 배운 안아주기를 실천하였다. 서로서로 안아주며 축복하였다. '당신은 나에게 너무나도 소중한 존재입니다.' 하고. 모두 좋아하였다.(99. 9. 23)

'내 마음 그리스도의 집'을 읽고

이 책은 예수님이 얼마나 나의 삶의 전 영역에서 주인이 되고 싶어하는가를 재미있는 예화로 설명하고 있다. 그래서 이 책은 초신자뿐만 아니라 신앙의 경력이 많고 적음을 떠나 그 누구에게도 가치가 있는 좋은 책이라고 생각한다. 초신자에게는 앞으로 신앙 생활의 지침서로, 신앙 경력이 많은 사람에게는 자신의 신앙 상태를 대조해 살펴볼 대조표가 된다고 본다. 그리스도께서는 자신을 영접한 인간의 마음을 거처로 삼으신다. 그래서 모든 인간의 마음에 들어가려고 문을 두드리며 그 문이 열리기를 간절히 바라신다. 그 마음에 들어가셔서 불을 지피고 밝은 불을 켜시기를 원하신다. 이렇게 예수님을 영접한 사람의 삶에는 변화가 있어야 한다. 먼저 삶의 중심부가 되는 마음에 변화가 일어나야 한다. 주님이 주인이 된다는 사실을 잊지 않고 그 뜻대로 살아가도록 노력하는 일이다.

다음은 가치관의 변화다. 예수 믿기 전에 중요한 것으로 여겨 추구하던 돈이나 명예 같은 세상적인 것에서 예수님을 모신 것으로 기뻐하고 만족하게 된다.

그 후에 주님은 내 생활에서 늘 만나기를 원하는 것이다. 주님은 말씀하고 나는 기도로 응답하게 된다.

하나님의 역사를 여는 기도

옥 목사님의 로마서 강해 테이프를 들었다. 내용은 예수님을 믿는 사람은 누구나 하나님 존전에 담대히 나가서 당당히 요구 사항을 주장할 수 있게 되었다는 것이다. 그런데 이상한 것은 많은 사람들이 왜 기도하지 않는지 그것이 이상하다는 것이다. 기도해야 하는 이유 중 하나는, 내가 기도함으로 나를 통해서 이루어질 하나님의 역사가 내가 기도하지 않음으로 이루어지지 못할 수도 있으며 그렇다면 큰 잘못이라는 주장이었다. 따라서 무엇이든지 우주의 창조자 아버지께 당당히 구하자는 말씀이었다.

목사님의 간증은 아주 인상적이었다. 사랑의교회 초창기에 성도 수가 얼마 되지 않을 때였다고 한다. 그 때는 재정적으로도 아주 어려워서 임차한 교회 건물 월세도 제대로 내지 못하고 있었다. 그 상황에서도 옥 목사님은 목회자들을 모아서 제자훈련 세미나를 개최할 것이라고 종종 말씀하셨다고 한다. 이 소리를 듣던 어느 여 집사님은 속으로 이렇게 생각했다. '목사님은 별 소리를 다 하시네. 어떻게라도 밀린 월세나 해결하고 나서 다음 것을 생각하더라도 해야 할 일이지 무슨 쓸데없는 소리를 하는지.' 그런데 그 여 집사님이 우리 교회 신문인 '우리지'에 이렇게 썼다고 한다. '그 때 목사님께서 하신 말씀은 목사님의 인간적인 생각이 아니라 하나님의 뜻이었다. 아마 그것을 위해서 기도하지 않았다면 오늘날 이런 지도자세미나는 없었을 것이다.'

테이프를 듣고 기도에 대하여 강한 도전을 받았다. 그래서 오늘부터는 무슨 일이 있어도 점심 시간에 비전을 위해 기도하기로 작정하였다. 내가 기도하면 이룰 내 꿈을 기도하지 않음으로 이루지 못한다고 한다면 이것은 내 자아의 성취는 둘째 치고라도 하나님의 뜻을 이루지 못하는 범죄라고 판단했기 때문이다.

　점심을 빨리 먹고 행정자료실로 올라갔다. 그 곳은 점심 시간에는 아무도 없는 조용한 공간이다. 여러 가지 기도 제목으로 기도하였다. 다니엘처럼 하루에 세 번씩 시간 정해 놓고 기도하지는 못해도 기도의 중요성을 깨달은만큼 열심히 기도해야 겠다.

　기도는 단순히 나의 소원을 아뢰어 받아 내는 것이 아니라 나를 통해 이루어져야 할 하나님의 역사 때문이다. 그러니 기도하지 않을 수 없다.(99. 9. 27)

수요예배에 가면 '교제'가 보인다

추석연휴 때문에 지난 토요일에 제자반 모임을 갖지 못했다. 수요예배에 가면 제자반 형제들을 만날 것이라 생각하고 교회에 갔다. 예배가 끝나고 목사님이 평소에 서 계시는 자리로 갔다. 그런데 빈 자리여서 낯설었다. 곧 형제들이 한두 사람씩 약속이나 한 것처럼 그 자리로 모여들었다. 반갑다고 악수하고 큰소리로 웃으며 이야기하느라 한참을 그렇게 보냈다. 만나고 싶던 얼굴을 보게 되니 반가웠다. 감정이 메말라 있는 밝은 대낮에 만나는 것보다 마음이 여유로운 저녁에 은혜 받은 후 만나니 기쁨이 넘쳤다.

요즘 눈에 띄는 것이 있으니 C형제님 부부 사이의 변화다. 최근 들어 부부가 나란히 서서 사람들과 대화하는 장면이 자주 띈다. 그분은 제자반 모임에서 부부 문제만 나오면 거기에 대한 어려움을 자주 이야기했다. 부부 동반할 제자훈련 모임에는 함께 참석한 적이 한 번도 없었다. C형제님은 그것이 늘 괴로움이었고, 다른 부부들이 같이 참석한 것을 보고 어딘지 모르게 외로움을 느끼는 듯한 인상도 있었다. 지난 2월 제자훈련 시작 때부터 최근까지 교회에서 부부가 같이 서 있는 것을 보지 못했다. 그런데 최근 같이 나란히 서 있는 모습을 자주 목격하였다. 보기에도 좋고 내 마음도 흐뭇했다. 오늘도 나란히 서서 제자반 형제들과 이런저런 이야기를 하셨다. 반가운 마음에 "우리 집사님은 밤에 뵈니까 예쁜 소녀처럼 아름다워요." 하고 인사드렸더니 부부가 동시에 좋아했다. 얼마나 밝은 웃음이었는지 모른다. 옆에 서 계시던 형제들이 다 박장대소하였다. 앞으로 어색함에서 벗어나 또다시 옛날 연인 시절처럼 다정하여 후배들의 본이 되었으면 좋겠다. 내가 너무 주제넘은 이야기를 하고 있는지 모르겠다.

O형제님의 아내인 K집사님은 엉치뼈 인대가 늘어나 누워 계신다고 하시는

데 속히 쾌유해 그분의 인자하고 밝은 웃음을 돌아오는 주일에 교회 마당에서 들었으면 좋겠다. 곧 O형제님 댁에서 모임이 있을 텐데 그 때는 그 고통이 못 된 한 조각의 꿈이었던 것처럼 흔적조차 없이 사라지고 은혜로움만이 넘치길 기도한다.

　주님 안에서 기분 좋은 교제는 예배 때 받은 은혜를 단단하게 굳혔다.

(99. 9. 29)

묵상하는 즐거움

'묵상하는 사람들'이란 책으로 차분히 묵상하였다. 쫓기던 일, 나른한 졸음, 숙제라는 의무감을 훌훌 털고 말씀 속으로 들어갔다.

묵상을 하며 새롭게 느낀 점은 말씀을 놓고 '왜'라는 의문을 계속 던지는 것이다. 그러면 자꾸 의문이 생기면서 생각이 깊어짐을 느낀다. 풀리지 않던 문제를 계속 생각하다 보니 생각하는 재미를 알게 되었다. 또 하나님께서 역사하시는 그 손길을 느끼며 기쁨이 넘쳤다. 자연스럽게 기도가 간절해진다.

본문은 어제에 이어 아브라함에 관한 이야기다. 그 동안 수많은 설교와 말씀 읽기를 통해 알았던 내용이 새롭게 다가왔다. 하나님께서 모든 것들을 통하여 하나님의 역사를 이루어 가는 과정을 보면서 감격했다. 아울러 나를 향한 계획은 무엇일까 생각해 보았다.

새로운 마음의 묵상! 나의 가장 큰 즐거움이다.(99. 10. 5)

공격이 최선의 방어

퇴근길에 생긴 일이다. 저녁 8시경에 퇴근하려고 청사를 나서서 몇 걸음 지하철 쪽으로 움직일 때였다. 맞은 편에서 어느 여인이 다가왔다. 검정 옷을 입고 있었고, 나이는 30대 후반으로 보였고, 미모는 썩 빼어나지는 못한 편이었다. 눈빛은 그리 맑지 못하고 약간 풀려 있는 듯했다.

"아저씨, 안녕하세요. 지금 퇴근하시는 길인가 봐요?" "그렇습니다." 이 여자가 차비가 없으니 차비를 조금 보태달라는 모양이라고 생각했다. "그런데 죄송하지만 어디에 다니시는지 물어봐도 돼요?" "그것은 업무상 비밀이라서 말씀드릴 수 없습니다." 이 말을 하면서 내 추측이 빗나갔음을 알았다. '이 여자가 무슨 말을 하려는 걸까?' 하는 궁금함도 생겼지만, 떨치고 싶은 생각에 "다음에 봅시다." 하고 다시 걸었다. 그 여인은 바짝 달라붙으면서 "우리가 언제 봤다고 다음에 보자는 거예요. 그런데 아저씨 관상을 보니 예리하고 재주가 많을 것 같아요. 혹시 절에 다니나요?" "아닙니다." "그렇다면 교회에 다니시나요?" "예." 이 여인이 어떤 종교적인 문제로 접근했다는 것을 알아채고 피하듯 걸었다. 그 여자가 뒤에서 말한다. "아저씨, 조상들을 잘 모셔야겠어요."

전철을 타고 오면서 이 생각 저 생각에 사로잡혔다. '왜 예수 믿는 사람이 피하듯 걸어왔을까? 반대로 그 사람에게 예수 믿으라고 전도하는 배짱과 믿음이 있었어야 했는데 왜 그렇게 피하였을까? 혹시 그런 것이 두려웠던 것은 아닐까?' 몹시 자존심이 상했다.

자꾸 이상한 사단의 세력이 늘어나고 있다. 이럴 때일수록 믿는 자가 흔들리지 말고 믿지 않는 자들에게 담대하게 복음을 전해야겠다.(99. 10. 7)

'더불어 한길 축제' 길닦기

오늘은 복음 전함에 있어 의미 있는 날로 기록될 것이다. 우리 교회에서 10월 17일에서 10월 20일까지 대각성전도집회인 '더불어 한길 축제'가 개최될 예정이다. 제자훈련에서 그리스도를 증거하는 것을 배웠을 뿐 아니라, 이 행사에 대비해 복음 증거에 관한 설교가 계속되었다. 그래서 나 자신도 이 행사에 대비해 태신자를 품었다. 다섯 명 곧 사무실에서 같이 근무하는 H실장, S계장, O, J, K씨가 바로 내 태신자이다. 이들을 위하여 그 동안 기도해 왔다.

'고통이 주는 교훈'을 읽고

이 책을 천천히 주의 깊게 읽었다. 다 읽었을 때에야 저자의 생각이 온전히 감동으로 다가왔다. 저자는 '왜 그리스도인이 여러 고난을 당해야 하는가?'의 문제를 제기하였다. 그리고 그 문제에 대하여 로마서 5장 1-10절을 근거로 그 답을 하고 있다. 결론부터 말하면, 고난이란 하나님께서 그리스도인을 하나님께서 원하시는 온전한 인격으로 성숙시켜 나가기 위한 특별한 사랑이라고 하였다. 일반적으로 생각할 때, 사랑이라고 하면 따스하게 보살펴주고, 필요를 채워주고, 다정하며, 사랑 받고 있음으로 행복을 느끼도록 헌신적으로 노력하는 모습이 떠오른다. 그런데 사랑하는 사람을 처참하고도 비참하여 처절히 울부짖게 만드는 고난에 몰아넣고 그것을 사랑하기 때문이라고 말하니 쉽게 이해되지 않았다. 저자는 하나님께서 왜 고난을 주는가를 말씀으로 자세히 설명하였다. 그 설명에 공감할 수 있었다. 고난은 인내를 낳는다. 이 인내란 어떤 압박 아래에 있는 것을 말하는 것으로 끈기와 같은 의미다. 이 과정을 통과하면서 전에 알지 못했던 자신의 나약함을 깨닫고 동시에 하나님의 은혜로움과 뛰어나심을 체험하게 된다. 그 결과 끝까지 참는 마음이 생기게 된다.

또 꾸준히 전도지나 말씀으로 전도해 오고 있었다. 그래서 그들로부터 행사에 참여하겠다고 약속되어 있었다.

그런데 오늘은 그들에게 직접 복음을 전했다. 길 잃어버린 양의 비유 또 탕자의 비유를 들어 하나님께서 얼마나 믿지 않는 사람들을 기다리고 있는지에 대하여 설명해 주었다. 또 하나는 대각성전도집회 전도용으로 제작된 테이프 내용을 그들에게 직접 들려주었다. 점심을 일찍 먹고 모두들 사무실에 들어와 자리에 앉았다. 그 때 나는 이 테이프를 카세트에 넣고 내용을 간략하게 설명하고 스위치를 눌렀다. 간증부터 시작되었다. 두 사람은 자세히 듣겠다고 소파에 앉았다. 한 사람은 치과에 간다고 갔다. 나머지 네 사람은 테이프를 거의 다 들었다. 나는 솔직히 이 테이프를 들으면서 하나님의 사랑에 감격하였다. 얼마나 하나님의 사랑이 크고 위대한지에 대하여 감사할 뿐이었다.

들은 사람들의 표정은 그저 담담했다. 별 감동이 없다는 것이었다. 그것까지는 내가 어쩔 수 없는 일이다. 복음을 전했으니 이제 복음의 역사가 그들 가슴에서 싹이 트고 자라나기를 바라며 기도할 뿐이다. 그들이 '더불어 한길 축제'에서는 하나님의 사랑에 감격하고 영접하기를 바랄 뿐이다.

한 가지 느낀 점이 있다면 고기도 먹어본 사람이 잘 먹고 맛을 안다는 것이다. 사랑을 받아본 사람이 또 사랑할 줄을 안다는 것이다. 나에게는 놀라운 하나님의 사랑이 그들에게는 별로 감사하게 느껴지지 못했나 보다. 그러니 이런 문제에 있어서 결코 남을 비난해서는 안 된다. 그들도 이런 하나님의 사랑에 깊이 감격하여 찬송할 날을 기대한다.(99. 9. 12)

그 여인을 다시 만났을 때

사진을 찍으러 가는 길이었다. 지난 주 목요일 나에게 조상을 잘 모셔야 하느니 어쩌느니 하며 나의 자존심을 건드렸던 그 여인을 만났다. 저 앞에서 여인이 다가왔다. 즉각 알아볼 수 있었다. 그래서 먼저 다가가 "안녕하세요. 반갑습니다." 하였더니 하는 말이 "우리가 몇 번째 만났지요?" 나는 지난번 일이 생각나서 "예수님 믿으세요." 하였다. 그 여인은 "아저씨나 잘 믿으세요." 하였다. 나는 거기서 포기할 수 없어 쫓아가면서 말했다. 여인은 쭈뼛쭈뼛하며 도망가려는 태도다. 가까이 다가가서 "예수님만이 영생의 길입니다. 예수님을 믿으세요." 하고 강하게 말했다. 그 여인은 당황하며 "나도 알 것은 다 아니까 아저씨나 잘 믿으세요." 나는 다시 한 번 확인하였다. "꼭 예수님 믿으세요." 여인은 쫓겨가듯 가고 말았다. 제자훈련생의 복음 증거의 실천이었다.

가던 길을 가면서 생각하니 이렇게 끝나는 것은 부족하다는 생각이다. 어쩌다가 잘못된 길로 들어섰는지 알고 도울 수 있으면 도와서 진정으로 예수님을 영접해 기쁘게 살 수 있다면 좋겠다.(99. 9. 15)

알 수 없는 기쁨

우리 제자반 형제들이 대각성전도집회(더불어 한길 축제)의 정문 안내 요원들로 배치되었다. 모두가 기쁜 마음으로 복장에 신경을 써서 차려입었다. 그리고 정성을 다해 웃음으로 환영했다. 감사하고 기쁨에 들떠 있을 뿐 아니라 일사불란하게 일처리하는 것을 보고 어느 여전도사님께서 "어느 목사님의 제자반이세요?" 물었다. 'K목사님 제자반'이라고 하였더니 그럴 것 같은 느낌이 들어서 물어보았다고 하였다. 그러면서 아낌없이 칭찬을 해 주었다.

제자는 스승을 닮는다고 하더니 아마 우리 제자반 형제들에게서 그런 신사적인 느낌이 들었던가 보다. 이심전심이라는 말처럼 칭찬에 힘입어 형제들은 흐뭇하였고 서로 사랑의 마음으로 충만했다.

이 마음은 모든 순서가 종료되어도 식지가 않았다. 점점 더하였다. 찻집에 갔을 때는 자연스럽게 부부 동반이 되었다. 새 생명이 탄생되는 감격적인 순간들을 맛보았음인지 모두의 얼굴에서는 알 수 없는 빛이 나오고 있었다. 모두 사회적으로 보면 박사요, 교수요, 어엿한 사장님들로 지위도 있고 점잖은 분들인데 우리 모임 안에서는 어린애들처럼 말하고 웃는다. 세상은 험하고 걱정거리도 많지만 예수 안에 있는 우리는 기쁨으로 충만했다. 알 수 없는 기쁨이다.

(99. 10. 17)

전도에 목숨 거는 이유

영적 몸살이다. 우리과 직원들과 '더불어 한길 축제'에 참석할 날이 내일로 다가왔다. 그런데 가겠다고 가장 철석같이 약속한 사람이 못 가겠다고 했다. 그러니 분위기는 썰렁하게 변했다. 한 달 가까이 공들여 왔는데 이게 웬일이란 말인가. 마음이 허전하였다.

인간적으로 생각하면 이런 마음이 들 필요가 없다. 여러 가지로 계산해 본다. 늘 신경을 써야 하고, 또 참석한다면 개인적인 비용도 든다. 솔직히 귀찮은 일이다. 그렇다고 하여 직장에서 승진시켜주는 것도 아니고 또 월급을 더 올려주는 것도 아니다. 나 개인적으로 명성이 날리는 것도 아니다. 그러함에도 이렇게 가슴 조이며 이들을 주님 앞으로 인도하려고 노심초사하는 이유는 무엇인가. 하나님 아버지의 마음이 내 마음에 들어 있는 이유일 것이라 생각한다. 이들을 애타게 기다리고 계신 아버지 하나님이 계시다. 그 마음이 내 안에 전달된 것 같다.

내가 바라는 것이 있다면 이들이 예수님을 구주로 영접하는 그 장면이다. 하나님 품에 안겨서 기뻐하며 하나님 아버지께서 기뻐하시는 그 기쁨을 내 안에 누리는 것이다.(99. 10. 18)

우리는 살아 있는 전도지

4명의 태신자와 함께 '더불어 한길 축제'에 참석하였다. 아침부터 계속되는 간청으로 이루어졌다. 나는 이 축제에 대비해 우리 과 직원들을 태신자로 가슴에 품었었다. 사무실에는 나를 제외하고 실장님을 포함하여 5명의 직원들이 있다. 이분들이 이 축제에 참석할 수 있었던 것은 이들을 위한 기도의 응답이라고 생각한다. 주님께서 역사하신 것이다.

어제까지만 해도 가네 안 가네 하며 말도 많았다. 실망도 되었지만 그래도 이들이 참석할 수 있게 해 달라고 기도하였다. 이들이 축제에 참석하지 않는다면 나 개인적으로는 편할지 모른다. 그러나 이들을 주님 앞에 인도하고픈 마음이 나를 가만히 두지 않았다. 그 동안 계속 여러 가지 방법으로 전도해 왔다. 이런 기회가 아니면 이들이 복음을 직접 듣기는 힘들 것이다. 온 우주보다 귀하다는 영혼이 구원받는다면 이보다 더 값진 일은 없다고 확신하였다. 잠언에 '소가 없으면 구유는 깨끗하려니와 소의 힘으로 얻는 것이 많으니라.'는 말씀이 생각났다. 그래서 아침부터 간청하고 때로는 업무에 적극 협조하는 태도로 친절을 베풀었더니, "그래, 죽은 사람 소원도 들어준다는데 산 사람의 소원을 못 들어줄까?" 하며 가기로 결심하였다.

종로에서 강남역에 위치한 교회까지 가는 방법이 그리 쉽지는 않았다. 승용차로 가자니 교통이 많이 혼잡하고, 지하철을 이용하자니 걷고 또 갈아타는 번거로움이 있었다. 또 하나의 어려움은 이 태신자들 모두가 교회에서 원거리에 살고 있었다. 두 사람은 일산, 한 사람은 부천, 나머지 한 사람은 평촌이었다. 이런 어려움도 있었지만 업무가 끝나자마자 지하철을 이용해 강행하였다. 배짱이 생겼다. 나 개인의 영달을 위해서 같이 가자는 것도 아니요 영생의 선물을 받게 하겠다는 것이 배짱의 근거였다. 아마 나를 위해서였다면 이런 부탁을 하지 않았을 것이다.

이들은 예배당 안에 들어가서도 낯설어하였다. 처음 교회에 오는 사람들의 특징이 그런지는 몰라도 언제 끝나는지를 자꾸 물었다.

이 날 결신자는 없었다. 속으로는 어떻게 생각하였는지 모른다. '강사 목사님께서 잘 하셨으면 결신할 수도 있었을 텐데.' 하고 생각도 해 보았다. 그러나 모든 것은 하나님의 인도함에 있는데 내가 그렇게 생각한 것은 교만한 마음이었다. 오늘 그들 마음 속에 뿌려진 복음의 씨앗이 때가 되면 싹이 나리라 믿는다.

끝나고 저녁을 같이 먹었다. 나이 드신 분들이 어린아이처럼 시간이 늦었다고 보챈다. 재미없었다고 이구동성이다. 이분들이 10시가 넘은 시간에 집까지 먼 길을 갈 생각하니 마음이 편치 않았다. 담대하게 "오늘 참석해 주셔서 감사합니다." 인사했다.

한 사람이 헤어지면서 이런 의미 있는 한 마디를 남겼다. "정 주사님이 그 동안 베푼 덕이 없었으면 아무도 안 왔을 거예요." 내가 잘했다는 이야기는 아니지만 크리스천은 살아 있는 전도지라는 말이 생생하게 살아 다가왔다.

(99. 10. 19)

최상의 길로 한걸음 한걸음

제자반에서 아브라함의 인도 과정을 배웠다. 하나님께서 아브라함을 인도하는 과정을 보면서 나의 삶에 적용해 보았다.

95년 11월 16일, 평택으로 가라는 발령을 받았다. 청천 벽력이었다. 그 당시 나는 집 근처에 있는 직장에 다니며 삶에 별 의미 없이 그저 그렇게 생활하고 있던 중이었다. 그런데 국세청에 그런 인사 전례가 없었는데 나 혼자만 찍어서 발령낸 것이다.

그 곳에서 많은 생각을 하게 되었다. 이렇게 의미 없이 살아서는 안 된다는 것이었다. 그 곳에서 새롭게 의미를 다졌다. 무의미한 삶만 영위할 것이 아니라 남들에게 영향을 미치는 삶을 살아야겠다고 결심하고 대학원 진학을 위해 열심히 공부했으나 실패하고 말았다. 공무원 생활을 청산하고 공부를 더 해 학자가 되고 싶었던 것이다. 그러나 지금 생각해 보면 그 길이 합당한 길이 아니었고 나의 목표와도 방향이 맞지 않았다고 생각한다.

평택이 싫었다. 나의 자존심을 완전히 짓밟아 놓은 곳이었다. 그 곳에서 남들보다 1년 이상 더 있어야만 했다. 그러다가 전혀 생각지 못하게 국세청 기획실로 옮겨왔다. 떠나고 싶은 곳을 뜨게 되니 기분이 좋았다. 그런데 이 곳은 아주 바빴고 중요 인사를 많이 접촉하게 되었다. 그래서 자연스럽게 육체적으로 정신적으로 또 대인 관계에서 많은 훈련을 받았다. 저녁 8시만 되어도 늦은 밤이라고 생각하던 내가 밤 10시 30분에 퇴근하며 빠르다고 생각할 정도였다. 11시 12시까지 근무한 날이 비일비재하였다. 그러면서 나는 시간의 인식을 새롭게 하게 되었다. 그리고 청와대와 국회 또 각급 중요 기관을 출입하고 사람들을 대하면서 막연히 높다고 생각하던 기관에 대하여 새롭게 인식하게 되었다.

또 텔레비전에서만 보아오던 고위 공직자들을 옆에서 직접 대하면서 눈높이를 높였다. 그리고 의전에 대하여도 알게 되었다.

그렇지만 개인적인 시간이 없어서 자기 발전을 꾀하기 어려웠고 가족에게도 허술하게 되었다. 바쁜 것이 좋은 것만은 아니라는 것을 느꼈다. 이 때 가장 간절하게 생각된 것이 어떻게 살아야 의미있는 삶을 사느냐는 것이었다. 그러면서 생각난 것이 제자훈련이었고 제자훈련을 받는 것은 선택이 아니라 필수라는 강한 생각이 들었다.

하나님의 은혜로 제자훈련을 받게 되었다. 제자훈련 전반기에는 그래도 사무실이 덜 바쁜 때라 시간 없는 중에서도 성실할 수 있었다. 제자훈련 후반기에는 사무실이 가장 바쁠 때라서 불가피 다른 곳에서 근무하기로 결심하였다. 그래서 퇴근 시간이 정확한 교육원에 가서 교육 분야에 대하여 배우고 싶었으나 그곳으로 가지 못했다. 그 이유는 여러 가지였으나 하나님께서 막았다고 생각한다. 그 결과 2지망인 현 근무처로 옮기게 되었다.

이 곳은 대외적으로 한직이지만 개인적으로는 활용할 시간적 여유가 있어서 좋다. 제자훈련에 총력을 기울일 수 있으니 더 바랄 것이 없다. 이런 기회에 자기 발전과 훈련에 충실을 기할 생각이다.

이런 과정이 결코 우연하게 이루어졌다고 생각하지 않는다. 앞으로 나를 하나님께서 어떻게 인도할지 나 자신이 스스로 궁금하며 또 기대가 된다. 확신하기는 분명히 하나님께서 나를 최상의 길로 인도하시리라는 사실이다.(99. 10. 29)

별 하나의 사랑과 추억 그리고

우리 제자반은 음성에 가서 공부하고 왔다. 이 계획은 지난 주에 확정되어 있긴 했지만 못 갈 상황이 발생했었다. 아무튼 우여곡절 끝에 다녀올 수 있었는데 그래서 더 의미가 있었다.

우리 제자반은 단풍 들어 아름다운 산하를 바라보며 음성으로 달렸다. 서늘한 늦가을 바람은 가슴을 시원하게 하였다. 하늘이 맑고 높아서 우리의 기분을 최고조에 이르게 했다. 시골은 언제나 정감을 느끼게 한다. 추수를 다 끝낸 빈 들은 농부들의 넉넉한 마음처럼 거칠 것이 없었다.

음성이라는 곳이 서울에서 그리 멀지 않았는데도 농촌 냄새가 물씬 풍겼다. 아이들은 빈들에 구르는 바람처럼 몰려다니며 쫑알쫑알거리며 시끄럽다. 동심들의 아우성은 자연의 소리에 가까워서 금방 화합되고 즐거운가 보다.

가지고 온 야채를 물에 씻기도 하고, 쌀을 씻어 물을 붓고 밥을 앉히기도 하고, 부엌에서 열심히 설거지도 하고, 된장국을 끓이고, 고기를 굽고 완전히 축제 분위기다. 제자 중 그 누구도 요령을 피우거나 이 일에 낯설어하지 않는다. 제자들의 정겨움은 점점 두터워지고 있었다.

아내들은 자유다. 아내들에게는 손에 물을 조금도 묻히지 못하게 한다. 고상한 모습으로 대화의 기쁨을 누리게 한다. 제자훈련의 열매를 따고 있는 것이다. 이것은 수준이 아주 낮은 열매들이다. 지금 맺혀 익어가고 있는 열매들을 수확할 때쯤이면 감사와 행복이 저절로 넘칠 것이라 생각한다.

집을 떠나서 손수 지어먹는 밥은 그 자체로 별미다. 더 이상 말이 필요 없다. 간이 맞든 안 맞든 문제가 되지 않는다. 배가 고파서 그런 것이 아니요 상호 우정의 결정체이기 때문이다. 마음의 맛은 혀의 감각적인 맛을 초월함을 새삼 느끈다. 이곳 저곳에서 감탄이 터지고, 웃음이 터지고, 넉넉하고 감사한 마음의 눈길이 더없이 행복하게 교차한다. 아내들은 아내들대로 감사와 축복의 시간이 라는 사실에 감격하여 말소리가 부드럽다. 밥을 빨리 먹은 아이들은 아이들대 로 옆방에서 우당탕탕 까르르 기쁨의 향연이다. 아이들은 특유의 붙임성으로 만나자마자 곧 형제요 자매다. 그런데 이 아이들은 지금이 두번째 만남이니 더 말할 필요가 없다. 동심의 축제다.

숙달된 제자들의 식사 후 정리는 일사 불란하였다.

어떻게 시작되었는지 모닥불이 피워졌다. 불이 있으니 아이들은 모여들었다. 그들 마음 속에 있는 따뜻함과 밝음이 자연스럽게 불을 좋아하게 만드는지 모 르겠다. 아이들의 축제다. 나뭇가지에 불을 붙여 환호성을 지른다. 모닥불에 빛 나는 아이들의 눈동자가 무척이나 사랑스럽다. 하늘에는 별이 초롱초롱하다. 달도 없는 까만 밤 별들이 더 반짝인다. 모닥불은 점점 일어나고 있다. 저 하늘 에서 어렸을 때 보았던 은하수를 다시 한 번 본다면 얼마나 좋을까 하는 아쉬 움이 있다. 저 멀리 바다에 나가면 쏟아질 것 같은 별들을 볼 수 있다고 한다.

이야기는 지구촌으로 옮겨간다. 모닥불을 따라 나의 가슴에는 지구촌을 가 보 고 싶은 마음이 어느 때보다 더 강하게 활활 타오른다. 가 보지 못한 세계에 대 한 동경이 나를 사로잡는다. 태평양을 배로 건너며 쏟아질 듯한 별을 보고, 아름 답다는 나폴리, 사막의 밤하늘, 끝이 없다는 시베리아 설원, 아프리카의 밀림 등 등. 모두가 모였다. 아내들도 모였다. 약 25명이 모닥불을 포위했다. 불은 신이 나서 타오른다. 자연스럽게 노래가 나왔다. '모닥불 피워 놓고 마주 앉아서 우 리들의 이야기는 끝이 없어라….' 50여 개의 눈동자에 모닥불이 타올랐다. 서

로의 눈에 모닥불이 타고 있었다. 진지함을 불러오는 모닥불. 시골의 고적함 속
에 불이 타는 소리만이 잔잔하다. 부부간의 얼굴에는 사랑이 흠뻑 배어 있다.

자연스럽게 나는 진행 요원이 되어서 부부의 노래를 청했다. 먼저 총무님인
J형님 부부가 노래를 불렀다. 모닥불을 앞에 두고 서로 사랑의 언약을 맹세하
는 것처럼 솔직하고 간절했으며 아름다웠다.

다음에는 우리 제자반에서 기적을 일으킨 O형님 부부를 초청했다. 아들이 지
금 중학교 2학년인데 그렇게 갖기를 원하던 아기가 없다가 올해 제자훈련을 받
는 중 잉태하게 된 것이다. 이것은 기적이다. 정치학 박사이신데 곧 교수로 채
용되는 하나님의 역사를 간절히 간구하는 바이다.

우리 제자반 모두의 가슴에 '우주의 황태자로, 우주의 개선 장군으로, 그리스
도의 전권 대사'로 자아 정체감을 심어주셔서 자부심을 갖게 하였고 또 왜소함
으로 병든 우리를 치료해 주신 목사님 부부를 초청했다. 목사님은 미국 유학
떠나는 시점에 부산 바닷가에서 사모님과 같이 부른 찬양이라고 한다. '너의
하나님 여호와가 너의 가운데 계시니 그는 구원을 베푸실 전능자 전능자시라'
미지의 세계로 향하는 설레임과 함께 이는 두려움, 또 하나님의 인도하심을 바
라던 그 때 그 마음이 재생되어 그대로 전달되어 왔다. 덤불 속의 불로 모세를
부르신 하나님께서 목사님을 미국으로 부르신 것이 대조되어 느낌이 새로웠다.

언제나 온화하며 다정한 모습을 지닌 O형님의 열창 '별이 빛나던 밤에'는 가
히 환상을 자아내게 만들었다. 별이 머리 위에서 빛나던 밤에 노래하던 애절하
면서도 열정적인 모습은 우리 모두의 가슴에 아름다운 그리움을 채워주기에 손
색이 없었다. C형님의 '가거라 삼팔선'은 6 · 25를 직접 겪으며 고생한 분의 노

래이기에 가슴에 그 의미가 진하게 다가왔다. 빨리 그 날이 오기를 기원한다. 그리고 노래의 프로이신 Y형님의 '가을잎 찬바람에 흩어져 날릴 때'는 고음과 음정을 완벽히 처리하여 가을바람처럼 군더더기 없이 깔끔했다. 그 외에도 많은 형제들의 열창이 여운으로 남아 있다.

이렇게 시간은 깊어갔지만 그렇다고 느끼는 사람은 없었다. 하늘에서는 이슬이 내리고 있었다. 목사님은 마무리로 우리를 축복해 주셨다. 옆 사람의 손을 잡고 축복 기도를 인도하셨다. 그리고 서로 안아주며 사랑을 고백하게 하였다. 누구랄 것 없이 뜨거운 가슴으로 안아주며 제자의 사랑을 나누었다.

마지막으로 총무님의 제의에 의하여 우리 제자반의 주제가인 "여기에 모인 우리 주의 은혜 받은 자여라. 주께서 이 자리에 함께 계심을 믿노라" 찬양을 뜨겁게 불렀다. 그 뜨거움에 모닥불은 꼬리를 내리고 있었다.

돌아오는 차 안에서 아내와 아이들은 평화스럽게 잠을 잔다. 서로 안고 서로 고개를 파묻고 사랑스런 비둘기들이 서로의 날갯죽지에 서로의 머리를 감싸주듯이. 그리고 주님의 은혜와 감사함이 별빛 따라 흘렀다.(99. 10. 30)

하나님만 향하는 마음 나침반

성경을 집중적으로 읽기 시작했다. 다른 책에서는 느낄 수 없는 감동과 기쁨을 얻었다. 생명력이 숨쉬는 느낌을 받는다. 성경을 읽다가 다른 책을 읽으면 시시하다는 생각이 든다.

모든 책이 다 그렇지는 않다. 신앙서적이나 간증서적을 읽다 보면 저자에게 기막히게 역사하신 하나님이 바로 나의 하나님이라는 감격에 흥분할 때도 있다.

이제 나의 마음의 구조가 하나님께 향한 방향으로 발전되어 나가는 것 같다. 말씀만이 나를 기쁘게 하고, 힘을 솟구치게 하고, 영감의 샘이 솟게 하니 말이다. 땅과 물 속에서 동시에 자유로운 동물도 있다고 하지만 아무래도 나는 부자연스럽다. 은혜의 창공을 훨훨 날아다니는 고상한 새이거나 아니면 은혜의 바다를 유유히 멋지게 헤엄치는 한 마리의 물고기 같다.

나는 책 읽는 데 욕심이 많은 편이다. 이것도 읽어야 하고 저것도 읽어야 하고 또 누가 무슨 책이 좋다고 하면 당장 사 보아야 하는 성격이다. 이제 이런 바쁜 마음 모두 접고, 분산된 마음을 모으고 말씀 읽기에 온 힘을 쏟고 싶다. 최소한 세 번 정도는 정독으로 완독하고 나서 다른 책을 읽어도 늦지 않다고 생각한다.

말씀만이 나의 길을 인도할 빛이요 등불임을 믿는다. 그리고 말씀만이 나의 가슴에 영감의 수맥을 형성할 근거임을 확신한다.(99. 11. 11)

늦가을 풍경

우리 제자반 형제들은 양재 시민의숲에 있는 윤봉길의사기념관 앞에서 만났다. 나무마다 잎이 떨어져 아름다운 양탄자를 만들어 깔아놓았다.

제자들은 이 양탄자 위를 바지주머니에 손을 넣고 느릿느릿 걸었다. 푸른 하늘을 향해 웃음소리가 번졌다. 이 웃음이 저 시린 하늘에 그대로 저장되는 듯했다. 참으로 오랜만의 산책이다. 몇 주 전부터 해가 짧아지면서 산책을 할 수 없게 되었기 때문이다. 그 화려하던 잎으로 무성하던 나무는 이제 저 푸른 하늘 호수에서 흐르는 진리를 잡으려는 듯 굵은 가지와 잔가지가 그물처럼 펼쳐져 있다.

(99. 11. 14)

'기도에의 모임'을 읽고

세상 시험 유혹이 있다 할지라도 그것은 외면적인 것이요 고통이 있다 할지라도 그것은 외면적이요 세상이 온 세계를 흔든다 하여도 그것은 표면에서 일어나는 일이다. 그 본질 즉 바닷속은 흔들지 못한다. 큰 은혜의 바다로 기도를 타고 빠져서 그 속에서 자유하고 싶다. 또 이 책에서 아주 인상적인 글을 보았다.

'기도는 시내 관광을 하는 멋진 세단이 아니다. 기도는 곧장 창고로 가서 뒤칸을 열고 짐을 실어 물건을 가지고 집으로 오는 트럭이다.' 기도함에 있어서 외식하거나 중언부언할 것이 아니라 실용적으로 해야겠다는 생각이다.

내 생각에 이 책이 독자들에게 조금 오해를 일으킬 제목이 있다. 그것은 '무기력한 기도' '포기하는 기도'가 그것인데 이것을 잘못 이해하면 기도가 무력하다는 뜻으로 비칠 수도 있고, 또 무엇을 포기한다는 의미로 보일 수도 있다. 이것을 '의탁하는 기도' '헌신하는 또는 순종하는 기도'라고 하였으면 좋겠다.

음악회에 가다

Y형제님 음악회에 다녀왔다. 횃불선교센터 사랑성전에서 열리는 C대학교 교회음악과 제45회 정기연주회였다. 제자반 중에서는 O형님 부부만 참석하시고 다른 분들은 모두 바빠서 참석하지 못하셨다.

음악회에 자주 다니는 것은 아니지만 올 때마다 느끼는 것은 내 감성의 촉수들이 손을 벌려 모든 음률을 잡아 소화하기를 원한다는 것이다. 오늘도 변함없이 아름다운 선율의 조화와 수준 높은 독창과 우렁찬 합창은 나의 모든 감각기관을 끌어갔다. 전문가는 아니지만 그래도 느낄 수 있었던 것은 덜 세련된 신선한 기분이었다. 몇 분 교수님을 제외하고는 모두 학생들이라서 기교면에서는 조금 부족했던 것 같다. 하지만 젊음의 뜨거움은 이 약한 부분을 덮고도 남았다.

제Ⅰ부에서는 베토벤 작품 '합창 환상곡(chorfantasie)'을 연주하였다.

제Ⅱ부에서 20세기 영국을 대표하는 위대한 작곡가 윌리엄(V.Williams)이 작곡한 '주여 우리에게 평화를!'로 장식하였다. 이 곡은 제1차 세계대전을 경험한 후 전쟁의 비극과 비참함이 다시는 인류에게 일어나서는 안 된다는 마음에서 작곡했다고 한다

이 곡은 현재 우리가 사는 시대 상황과 맞아 떨어진다. 전쟁과 기근과 지진이 쉬지 않고 있으며 사회적으로도 살인과 강간, 퇴폐 문화가 성행하고 있다. 이 곡이 부패되어 가는 곳에 널리 퍼져서 부패가 중단되고 새롭게 소생하는 그런 계기가 되었으면 좋겠다. 제자반 형제들이 많이 참석하지 못해 아쉬웠으나 나로서는 좋은 시간이었다.(99. 11. 16)

'기쁨'산 '웃음'바다

예배를 마치고 제자반 형제들이 부부 동반으로 만났다. 약속된 만남이 아니었기에 더 자연스러웠다. 그냥 헤어지기가 아쉬워 간단히 한 잔의 차를 마시기 위해 찻집에 앉았다. 앉자마자 웃음바다를 이룬다. 제자들이 모이면 웃음의 샘이 터지는가 보다. 별 말 아닌 것 가지고도 어린아이들처럼 웃는다. 아이들이 웃음으로 큰다는 말처럼 제자들은 웃음이 많아졌다. 얼마나 웃었는지 주위 사람들이 모두 이상하다는 듯 쳐다본다.

우리 제자반 형제들 중 그 누구도 사회적으로 교양면에서 떨어질 사람이 없다. 모두 점잖고 품격 있는 분들이다. 그런데 모이기만 하면 웃음바다를 이룬다. 고상한 인격의 소유자들에게 예비군복을 입혀 놓으면 쉽게 웃고 떠들며 즐거워하는 것과 같은 이치인가 보다. 제자반이라는 보이지 않는 교복만 입혀 놓으면 어린아이들처럼 즐거워하니 이상한 일이다.

아내들이 더 웃겼다. 집에서 제자반으로 모여서 공부하는 모습을 보면서 재미있었던 이야기를 하였다. 우리 제자들이야 그것이 당연하고 또 공부하느라 몰랐던 사항을 제3자가 옆에서 보고 다시 상기시키니 더 재미있었다. 아내들도 모두가 우리 제자반의 탁월함을 인정하고 있어서 기뻤다.

오늘 주요 주제는 제자반의 맏형님 되는 C형님의 이야기가 많았다. 얼마 전 내가 느낀 대로 최근 부부가 같이 움직이는 것을 본다. 총무님인 J형님도 오늘 이 문제를 지적하였다. 맏형수님은 C형님이 군중을 휘어잡는 힘과 장기가 있다고 자랑하였다. 보기에 참 좋았다. 왜 자꾸 여기에 신경이 쓰이는지 모르겠다. 아마 제자반 공부 때 나눔의 시간에 부부간의 어려움을 고백한 것들이 내 마음속에 남아 있는가 보다.

즐거운 대화와 웃음을 통하여 모든 어두움은 물러가고 기쁨이 그 자리에 가득히 채워졌다. 사람들이 만난다는 것이 이렇게 즐거운 것인지 모를 일이다. 예수 안에서 형제들의 만남은 새로운 활력을 창조하는 도가니인가 보다.

제자훈련을 마감할 날도 얼마 남지 않았다. 3주밖에 남지 않았다. 너도나도 모두가 아쉬움이 남는다고 이구동성이다. 총무님은 이런 말을 하셨다. 그 동안 매주 제출하는 과제물에 목사님의 검토 의견이 계속 구체성을 강조하였는데 지난주 과제물 평가에는 '지리한 장마가 물러가고 드디어 해가 나왔습니다.' 이렇게 적혀 있었다고 흥분하고 있었다. 우리 제자반의 총무한테 해가 나왔으니 앞으로 잘 풀려 나갈 텐데 졸업이라니 모두가 아쉽다 한다.

일생에서 잊지 못할 제자훈련이라고 생각한다. 앞으로 살아가는 과정에서 이런 일이 계속되기를 바라는 마음이다.(99. 11. 17)

날마다 가정 천국

재경부에 갈 일이 있어서 일찍 퇴근했다. 일을 마치고 집에 돌아오니 귀현이와 하준이가 좋아하며 놀이터에 놀러나가자고 했다. 기분이 유쾌하지도 않고 몸도 피곤해 눕고 싶었지만 아이들이 원하니 옷을 갈아입고 나갔다.

놀이터에서 그네타기, 미끄럼타기, 철봉매달리기, 모래 파서 집짓기 같은 놀이를 했다. 우리 아이들은 세상이 자기 것인 양 깔깔거리며 좋아했다. 아빠가 있어 이 애들은 용감해졌다.

엄마와 아빠가 집에 늦게 들어오기 때문에 외로움을 껍질처럼 늘 몸에 쓰고 있던 아이들이었다. 약 2시간 놀면서 아이들은 이 허물을 하나씩 벗어 놀이터 모래 속에 묻는 것 같았다. 그 대신 아빠의 따스한 체온을 갑옷처럼 입고 당당해졌다. 아이들의 웃는 얼굴에서 내 자신이 깊은 의미를 느꼈다. 내 앞에 앉아서 그네를 탈 때 혼자서는 거기에 걸터앉지도 못하던 아이가 더 높이 굴러달라고 호기부린다. 터널식으로 생긴 미끄럼타기 할 때는 나와 아이들이 한 덩어리가 되어 휙 미끄러지니 재미있다고 아우성이었다.

같이 샤워하고 참으로 오랜만에 같이 저녁을 먹었다. 아이들이 밥을 두 그릇씩이나 먹었다. 부족함이 없는 얼굴들이다. 사랑이 흐르는 얼굴들이다. 사무실에서 좀더 일을 하겠다고 이런 기회를 갖지 않았다면 엄청나게 후회했을 것이라고 생각했다. 나의 발전을 위해서 노력하는 것도 중요하다. 하지만 진정 사람이 살아가는 기쁜 맛을 모른다면 나중에 인생 결산에서 엄청난 적자를 낸 손익계산서를 받을 것 같다. 가족과 기쁨을 누리면서 작은 천국을 누리며 사는 것이 얼마나 소중한가. 많은 사람들이 죽음에 임박해 공통적으로 느끼는 것은 '가족들과 시간을 좀더 많이 보낼 걸.' 하는 아쉬움이라 한다. 아내와 적극 협조하여 하나님의 놀라운 은혜 안에서 가정예배나 아니면 다른 프로그램을 만들어 날마다 즐거운 가정천국을 만들어 나가야겠다. 하나님의 동산에서 새끼양처럼 뛰노는 우리 가족을 보면서 보낼 예수님의 따스한 눈빛을 상상한다.

(99. 11. 22)

인생 연극

아내와 아이들과 같이 예술의 전당 자유소극장에 가서 셰익스피어 원작 '겨울동화'라는 연극을 보았다. 출연자 중 페디난타라는 공주로 나오는 정신혜 선생님이 준 초청장을 받았기 때문이다. 아내와 아이들은 무척 좋아했다. 문화를 누리며 사는 것이 삶의 질을 높이는 것이라는 차원에서 남편으로서 아빠로서 기분이 아주 좋았다.

중국집에 가서 자장면 한 그릇씩을 먹고 나오니 비가 조금씩 내리고 있었다. 그 속을 아이들과 손잡고 뛰니 재미있다고 깔깔거린다. 예배당에 조용히 앉아 오늘 가족과 같이한 몇 시간을 생각하니 행복하다는 생각이 들었다. 아내를 만나던 10년 전만 해도 전혀 존재조차 없던 아이들이 이렇게 예쁘고 귀여운 모습으로 나의 딸이 되고 아들이 된 것을 생각만 해도 감격스럽다. 이것은 내가 세상을 사는 것이 아니라 하나님의 은혜로 살아지는 것이 아닌가 생각한다.

하나님께서 지구라는 무대를 만들고, 낮의 큰 조명 해와 밤의 조명 달과 별들 그리고 수많은 사람들이 배우가 되어 하나님이 감독, 예수님이 조감독, 성령님이 연출로 지도하는 것은 아닌가 하고 생각한다.

인생 연극의 한 배우로서 살아가는 동안 감독의 뜻에 따라 최선을 다해 살고 나와 같이 동료 배우로 살아가는 가족과 함께 즐겁게 맡은 역을 잘 해내는 것이 삶의 보람이라고 생각한다. 연극은 주인공 한 사람의 탁월한 연기도 물론 중요하지만 출연자 모두가 서로 어우러져 조화를 이루는 것이 중요하다고 본다. 이 극을 연기하는 동안 서로 기쁘게 살아가는 것이 의미 있다.

연극을 보며 가족의 의미를 인생 연극과 함께 생각할 수 있었다.(99. 11. 24)

겨·울·봄·여름·가을·겨울

다시 또 겨울

내 삶의 0순위는 '제자훈련'

늘부터 2주간 교육에 참석하게 되었다. 수원에 있는 국세공무원교육원에서 받는 직무교육으로, 교육결과가 승진에 반영되기에 승진을 앞둔 사람들이 앞다투어 지원한다. 따라서 쉽게 아무에게나 올 수 있는 교육이 아니다.

내가 이 교육에 참석하기까지의 과정도 하나님의 인도하심임을 안다. 지난 6월에도 이 교육 기회가 있었으나 상황이 순조롭지 못했다. 또 내가 그 때 가장 염려한 것은 제자훈련에 부실해진다는 점이었다. 왜냐하면 이 교육은 평가하여 그 결과가 승진에 지대한 영향을 미치기에 직무교육에만 충실해야 한다. 교육생들이 얼마나 열심인지는 아침 일찍 나가지 않으면 앞자리를 차지할 수 없음은 물론 많은 사람들이 근처에 하숙하며 공부에 매달리는 실정이 그것을 대변한다. 당연히 나도 공부에 매달려야 하므로 제자훈련에 관계된 과제물이나 예습 복습이 그리고 삶에서 적용해야 할 부분에 전혀 손댈 수도 없는 실정이었다. 8월에 승진 인사가 있을 예정이라는 말도 나돌아 교육에 꼭 가야 한다는 생각도 들었지만 나를 둘러싼 사무실 환경도 어려웠을 뿐 아니라 제자훈련에 부실해진다는 생각에 어떻게 하면 좋을까 기도하다가 교육을 과감히 포기하고 말았다.

다음 기회는 10월에 있었지만 6월은 거의 제자훈련 막바지에 이를 때이므로 마무리를 잘하고 싶었다. 다음 기회에 가리란 보장이 없지만 제자훈련이 마음에 걸려 고민하고 있었다. 그 때 다른 직원이 자기도 가고 싶다고 해 양보하는 척 넘겼다. 그 직원은 지금도 내가 크게 양보한 것으로 알고 만나면 고마워한다. 다른 직원들이 보면 이상하다고 하겠지만 내 마음에 자리잡은 제자훈련을 정복하지는 못했다.

지난 주로 제자훈련이 거의 마감되고 부담이 없는 상태에서 경쟁자 한 명도 없이 다른 직원들의 적극적인 추천으로 교육에 오게 된 것이다. 그리고 이 교육이 올해 안에 끝나기 때문에 이 교육점수를 넣고 승진자를 결정한다니 모든 것이 하나님의 인도하심이요 나를 향한 설계임을 믿어 감사하다. 교육에 열심히 임해야 하겠다.(99. 12. 6)

하늘나라로 부르시다

제자반에서 같이 훈련받고 있는 L형제님의 어머니가 돌아가셨다는 소식이 왔다. 빈소는 보라매병원에 설치되어 있었다. 놀랍고 안타까운 마음으로 빈소로 달려갔다. 가는 길에 눈이 퍼붓듯이 내리고 있었다.

지방으로 출장간 형제 한 분을 제외하고는 모두 참석해 조의를 표하고 위로하였다. 특히, 목사님의 설교는 죽음의 의미를 새로운 희망의 눈으로 보게 하였다. L형제는 슬픔을 극복하는 모습이 보였다.

내일 발인을 위해서 새벽 5시에 만나자고 목사님이 말씀하셨다. 몇 분의 형제들이 동행하기로 하였다. 나도 꼭 같이 참석하고 싶었지만 교육기간이라서 빠질 수가 없어 발인예배에 참석하지 못해 아쉬웠다.

돌아오면서 생각해 보았다. 얼마 전까지만 해도 L형제는 어머니와 갈등이 많았다. 하지만 어머니를 사랑하고 섬기는 마음으로 갈등을 해결하고 잘 지내게 되었다고 훈련 시간에 간증하던 모습이 떠올랐다. 얼마나 감사한 일인가. 그 갈등을 풀고 서로 사랑으로 감싸주는 생활을 하다가 돌아가셨으니 말이다. 이렇게 어머니가 빨리 가실 줄 알았다면 갈등 없이 더 잘 모실걸 하는 미련이 남을 수 있지만 그런 미련이야 누구든지 다 있게 마련이다.

하나님께서는 이런 사실을 미리 아시고 제자반에서 어머니와의 갈등 문제를 이야기하고 또 기도 부탁하여 형제들이 간절히 기도하게 하였나 보다. 그 결과 어머니를 모시고 화목하게 지내다가 돌아가시게 해 형제의 가슴에 깊은 한 덩어리를 남기지 않게 하신 하나님께 찬양드린다.

목사님을 분당 댁까지 모셔다 드릴 수 있어 기뻤다. 집에 와서 아내에게 발인예배에 대해 말했더니 자기가 참석하겠다고 했다. 그 마음은 한없이 고마웠으나 새벽 추위를 뚫고 위험한 길을 가는 게 마음 놓이지 않아 그러지 말라고 말렸다.
　아직도 밖에는 눈이 그치지 않고 내려 쌓여만 간다.(99. 12. 6)

꿈과 비전 나눔

제자훈련의 마지막 모임으로 부부 동반하여 J형님 댁에서 모였다. 각자 집에서 맛있는 요리를 만들어 가지고 왔다. 상에 차려 놓고 보니 중복되는 음식이 하나 없이 풍성한 진수성찬이었다. 평소 먹어보지 못한 음식들이 많았다. 좋은 음식을 놓고 가족보다도 더 정이 든 형제들 그리고 형수님들이 모이니 모두가 행복해 했다. 아이들은 모두 집에 두고 온 상태라서 모임이 아주 진지하고 깊이가 있었다. 식사 후 아버지 하나님께 보내는 편지 그리고 나는 누구인가 또 나를 향한 꿈과 비전, 마지막으로 10년 후의 나의 모습에 대하여 발표하는 시간을 가졌다. 모두가 얼마나 진지한지 엄숙함마저 감돌았다. 1년 동안 제자훈련이 사람을 변화시킨 모습이 선명하게 보였다.

제일 맏형 되는 C형님부터 발표했다. '올해 나이로 쉰여섯이다. 지금까지 세상일에 바빠서 주님을 모르다가 하나님의 은혜로 제자훈련을 받고 보니 지난 세월이 너무나 아쉬워 견딜 수가 없다. 이제 남은 인생을 주님 위해 살아야겠는데 어떻게 진로를 결정할지 주님께서 인도해 주시기를 원한다.'고 울먹이며 떨리는 음성으로 말할 때 내 가슴이 떨렸다. 다른 형제들의 눈에도 이슬이 맺히려 하고 있었다. 형수님은 얼마나 감동하였는지 너무 감사해 가슴이 떨려서 성경책을 가슴에 꼭 껴안았다고 고백했다. 사실 이 부부는 말다툼이 잦아 가정의 화목이 제일이라고 하였다. 그러던 것이 이제 많이 화목해지고 의견을 존중해 나란히 걷는 모습이 아름답게 되었다. 형수님은 한 마디 더 하셨다.

C형님이 '나는 인격이 못 되어서 사역훈련은 못 받을 것 같다.'는 말에 감동해 '이제는 됐다. 그것이 인격이 변화된 증거.'라고 말했다고 한다. 우리는 우레 같은 박수로 격려하며 같이 감동했다. 참으로 듬직하고 좋은 그 형님에 그

형수님이다.

그 다음은 J형님이 발표하였다. 현재 대학에서 학생들을 가르치고 계시는 분으로 제자훈련을 받으면서 도덕적으로 무너지고 있는 학생들에게 복음을 전해야 할 필요성을 절실히 느꼈다고 했다. 복음을 제시하고 진정으로 바르고 가치 있는 삶이 무엇인지 훈련을 통해 배운 것을 학생들에게 전하는 것은 이제 선택이 아니라 의무임을 알았다고 강조하였다. 새롭게 들은 말이 인상적이었다. 그것은 이제 성경을 읽다가 다른 책을 읽으면 싱거워서 도저히 읽을 수가 없게 되었다는 사실이었다. 바로 나와 같은 생각이었다. 그리고 전에는 형수님을 무시한 채 집안을 정리하기를 좋아해서 소외감을 느꼈다던 형수님도 이제는 마음이 너그러워져 서로 존중하며 일을 처리하게 되어 감사하다고 하였다.

다음은 J형님 차례였다. 제조하는 사업체를 운영하시는 분이다. 이분은 직원들을 다룰 때 호되게 몰아치는 경향이 있었는데 이제는 직원들을 인격적으로 섬기는 모습으로 변했다고 말했다. 아울러 인도 선교에 깊은 관심을 가지고 있어서 인도에서 한 청년을 불러다 아들로 삼아 신학공부를 시키고 있었다. 또 후반기 제자반 총무를 맡아서 일하면서 형제들을 격려하여 은혜스러운 분위기로 이끌어 나갔다. 친근감이 있는 분이다. 이분은 하나님께서 사업을 축복해 주시면 시골에 교회를 지어 하나님께 봉헌하고 또 인도에 적극적으로 선교하기를 원하는 거룩한 비전을 가지고 있었다. 그 비전이 다 성취될 수 있음을 확신하며 격려의 박수를 보냈다.

Y형님의 순서였다. 이태리에서 성악을 공부하고 대학에서 학생들을 가르치고 있을 뿐 아니라 우리 교회 3부 성가대에서 영감 있는 찬양을 하고 계신 분이

다. 이분을 통해서 오페라를 구경할 수 있었고 오페라에 대해 지식을 갖게 되었다. 형수님의 반주로 독창을 하실 때 바로 앞에서 들었는데 그 우렁참에 놀랐던 기억이 새롭다. 이 형님은, 목소리는 성악가의 생명인데 이 목소리는 하나님이 주신 것이기에 잘못하면 하나님께서 거둬가실 수도 있다는 사실을 깨달았다고 했다. 그래서 교만할 것이 아니고 늘 겸손하여 하나님께 영광돌리는 데 사용할 것이라고 말했다. 어려운 상황에서도 하나님은 강권적으로 좋은 길로 인도하심을 체험했다고 고백하며 앞으로 더욱 주님 섬기는 데 최선을 다할 것이라는 그 고백은 참석자 모두의 가슴에 잔잔한 감동을 불러 일으켰다.

그 다음은 O형님의 순서였다. 이분은 치과병원에서 사용하는 의료기자재를 수입하여 판매하는 기업을 운영하고 있다. 인상이 너무나도 온화하고 푸근한 분으로 IMF 상황을 맞아 어려운 처지인데도 제자훈련을 열심히 받고 있었다.

그런데 지난 봄 창고에 불이 나서 큰 피해를 입었다고 한다. 평소 같았으면 낙심하고 자포자기하여 지금쯤 어떻게 되어 있을지 모를 일이었다고 했다. 그런데 제자훈련을 받으며 하나님이 아버지가 되시고, 모든 사정을 아시며, 또 자신을 향한 불타는 열정을 가지고 계심을 절실히 깨닫게 되었다고 했다. 그래서 자신을 다듬어 가시는 데 돈이 지장이 된다면 빼앗아 갈 수도 있을 것이라는 사실을 받아들이게 되었다고 한다. 그것은 하나님이 미워하심이 아니라 사랑의 표현이기에 오히려 감사할 수 있었다고 했다. 그 형님은 그런 어려운 중에도 하나님의 인도하심을 믿고 기도하며 어려움을 수습하고 새롭게 시작할 수 있었다고 한다. 그리고 때가 되어 믿음이 성장하면 다시 재물을 줄 것임을 믿는다고 하며 제자훈련이 자기를 성장시키는 데 큰 버팀목이 되었다고 고백하였다.

얼마나 감동적이던지요⋯. 정말 제자훈련은 자기가 받는 것이 아니라 하나님의 예비된 인도함임을 알게 되었다.

　L형님 차례였다. 이분의 믿음이 얼마나 순수하고 깨끗한지는 하나님께 드리는 편지에서 그대로 나타났다. 어린 소년이 아버지에게 쓴 편지 그대로였다. 그 표현에 우리 제자들은 배를 잡고 웃었지만 그 웃음 속에서 가슴 찡한 하나님에 대한 사랑을 느꼈다. 특히 제자훈련을 받고 보니 선교에 관심이 생겨서 적당한 때가 되면 시골 어려운 교회에 가서 헌신하며 거기서 하나님의 사랑을 아내와 같이 실천하기를 원한다고 하였다. 이분도 사업을 하는 분으로 재물의 소유권은 하나님께 있음을 절실히 깨달았다고 강조하였다. 그리고 제자훈련 기간에는 이 훈련에 집중할 일이지 사업을 더 확장하여 그 곳에 관심을 더 두면 안 될 것이라고 강조하였다. 오후에는 늘 편두통이 심해 새벽마다 일어나서 열심히 제자훈련 숙제를 했다는 고백에 제자훈련이 얼마나 그를 사로잡고 있었는지 알 수 있었다.

　O형님 차례다. 이분은 불란서에서 정치에 대해 공부한 분으로 박학다식하고 대학에서 후배들을 가르치고 있으며 논리적인 언변이 탁월하다. 제자훈련 시작하기 전인 1월 초에 어머니가 뇌졸중으로 쓰러져 위태하였으나 손가락 하나까지도 이상 없이 완벽하게 회복되는 기적을 체험하였다. 그래서인지 누구 못지 않게 제자훈련에 열심이었다. 이분은 부부가 같이 제자훈련을 받으며 정말 기적을 이루었다. 그것은 15년 만에 둘째 아이를 하나님께서 주신 것이다. 얼마나 감사한지 기적이라고밖에 할 수 없었다. 내년 1월에 낳을 예정이라고 하는데 기다려진다. 제자훈련을 받으며 이분은 배운 내용을 강의시간에 꼭 간접적으로

'백제현 선교사 간증'을 듣고

아제르바이잔에서 수고하는 백제현 선교사님 부부의 간증이 있었다.

아제르바이잔은 회교 국가로 다른 종교의 전파를 법적으로 막고 있다고 한다. 전에는 하나님께 예배드리는 현장이 발견되면 앞으로 절대 그런 일이 없도록 강력하게 경고하는 선에서 끝났다고 한다. 그런데 이번에는 그렇지가 않았다. 올해 8월 27일, 교회에서 현지인과 외국에서 온 선교사들이 예배드리고 있을 때였다. 갑자기 KGB요원들이 들이닥쳐 현지인들은 모두 끌어다가 가두고, 외국인들은 추방시킬 것이니 대기하라고 하였다. 선교사 부부는 주님의 도우심을 바라면서 이 사건이 경고 정도로 끝나고 현지에서 계속 활동할 수 있게 해 달라고 기도하였다고 한다. 추방당하면 자녀들 교육문제가 걱정거리였고, 또 현지 교회를 섬길 수도 없었기 때문이었다. 그러나 상황은 점점 어렵게 치달았다. 결국에는 2주 안에 그 나라에서 나가라는 추방 명령이 떨어지고 말았다. 그 날이 올 10월 29일이다. 선교사 부부는 할 수 없이 일시 귀국하였다. 그런데 기적이 일어났다. 미국 대사가 아제르바이잔 대통령과 접견을 요청하여 '선교사 세 사람을 추방한 것은 잘못된 처사이니 시정을 요구한다.'고 말했다. 이 세 사람의 선교사 중에 바로 백제현 선교사가 포함되어 있었다. 아제르바이잔 대통령은 그 자리에서 종교의 억압을 풀고 종교 활동을 하는 외국인도 머물 수 있을 뿐 아니라, 추방 명령을 받은 선교사들에 대한 그 명령도 무효가 된다고 말했다. 그 날이 바로 추방될 날 전날이었다. 할렐루야! 하나님께서는 얼마나 멋지게 기도에 응답하셨는지 보자.

하루를 남겨두고 완전히 모든 것을 역전시켰다. 미국 대사를 이용하여 기적을 베푼 것이다. 만약 선교사님이 기도한 대로 경고하는 선에서 이 일이 마무리되었다면 추방의 불씨는 여전히 남아 있었을 것이다. 그런데 추방 명령을 내리게 하였다가 완전히 뒤집어엎음으로써 앞으로 선교의 길을 열어 놓으셨다. 그리고 추방의 불씨를 완전히 제거시켰다. 얼마나 뛰어난 하나님이신가. 제자훈련에서 배운 아브라함의 예와 비슷하여 가슴이 뛰었다. 가나안에 살던 아브라함은 지독한 흉년을 만나 애굽으로 내려가야만 했다. 그 곳에서 아브라함은 아내 사라를 애굽 왕에게 빼앗길 사건이 있었다. 그 때 하나님은 애굽 왕을 놀라게 하여 사라를 온전히 아브라함에게 돌려보냈을 뿐 아니라 엄청난 재물까지 주어서 가나안에서 완전히 정착하는 터전을 마련하여 주셨다. 아버지 하나님을 찬양하였다. 선교사님의 그 감격이 그대로 나의 감격이 되었다.

전달 교육을 하였는데 학생들이 진지하게 듣는다며 감사했으며, 제자훈련 시간에 배운 내용들이 학문적으로도 연구할 테마들이라고 말했다. 그리고 전에는 교수 임용에 대해 불안했으나 하나님께서 그를 향한 계획이 있을 것임을 믿게 되어 감사함으로 그 때를 기다릴 수 있게 되었다고 간증하였다. 기적의 가정에 축복이 임함을 느낀다.

내 바로 위인 J형님의 차례였다. 이분은 성격이 완벽하고 철저하여 식사중이라도 침대 밑에 머리카락 하나라도 떨어져 있으면 참지 못하고 꼭 치워야만 했다고 한다. 그러니 아내나 자녀들이 피곤하고 긴장되는 것은 당연한 이치였다고 한다. 그러던 것이 제자훈련을 받으며 섬김을 알게 되어 성격이 온화해지고 꾸중보다는 격려를 해 주고 아내와 깊은 대화를 많이 하게 되었으며 자녀들을 사랑으로 안아주니 모두가 기뻐하게 되어 가정이 화목해졌다고 했다. 이 말은 진실이다. 그 가정에 방문해 보면 집안에 온기가 가득하여 행복이 넘쳐남을 알 수 있었다. 그리고 사업의 현장을 선교지로 알고 어려움을 당한 사람에게 따뜻하게 위로하여 새로운 힘을 주었다던 간증은 나에게 큰 도전으로 다가왔다. 명동에서 사업하면서 점심값을 아끼기 위해 도시락을 싸 가지고 다니면서도 하나님 일을 위해서 필요할 때는 이천만 원도 선뜻 내어주었다는 부분에 이르러서는 감탄뿐이었다. 모두가 하나님께서 그의 마음에서 역사하심인 줄 알아 감사했다.

막내인 내 차례였다.

아버지, 저에겐 꿈이 있습니다. 제가 제자훈련을 받으며 새롭게 가지게 된 꿈이 있습니다. 제가 그 꿈을 성취하는 데 아버지께서 동행해 주시길 간절히 바랍니다. 말을 길들이는 데 낙마의 두려움에 사로잡혀 있으면 어찌 그 말의 주인이 될 수 있으며, 새로운 해안을 찾으려 함에 있어 현재 해안을 잊어버릴까 두려워해서야 되겠습니까? 저에게는 이러한 두려움은 존재할 수 없습니다. 늘 아버지께서 같이 계시기 때문입니다. 진정 제가 두려워하는 것은 아버지께서 저를 포기하여 현재 이 모습대로 살도록 방치하면 어쩌나 하는 것입니다. 제가 가다가 넘어지면 가야 할 목표를 가리키며 '일어나 걸으라, 뛰어라.' 하고 외쳐 주시고 때로는 매를 드신다든지 웅크리고 있을 때 걷어차신다 해도 달게 받고 싶은 심정입니다. 그것은 아버지의 사랑의 표현이요 증오가 아님을 알기 때문입니다. 아버지, 제가 얼마나 아버지 마음에 쏙 들고 싶어하는지 아시지요. 부족하지만 손잡고 인도해 주소서. 하루가 천년 같고 천년이 하루 같다는 말씀처럼 천년을 준비하는 그 마음으로 하루에 대하여도 계획하고 기도하며 크게 생각하고 행동할 것입니다. 그리고 머언 먼 미래도 하루로 앞당겨 선명히 바라보듯 비전을 생생히 가슴에 품고 살아가겠습니다. 아버지, 사랑해요.

　부부 찬양대회가 있었다. 부부끼리 손을 잡고 하나님을 찬양할 때 가슴이 뿌듯해지는 그 느낌을 다른 사람은 모를 것이다. 예수 안에서 형제가 동거함이 참으로 행복하였다. 목사님은 수료기념으로 검은 가죽장갑을 제자들에게 선물했다. 1년 동안 헌신적으로 가르쳐주시고 선물까지 주시니 너무나 감사했다. 옛 노래 중에 '헤어지기 섭섭하여 망설이는 나에게 굿바이 하며 내민 손 검은 장갑 낀 손'이란 노랫말처럼 그렇게 섭섭했다. 그러나 우리 제자들은 검은 장갑

'오직 한 길'을 읽고

예수님은 독점적으로 이렇게 말씀하셨다. '내가 곧 길이요, 진리요, 생명이니 나로 말미암지 않고는 아무도 아버지께 올 자가 없다.' 이토록 강하고 명확하고 확신 있게 말한 종교 지도자는 그 어디에도 없다.

반면, 보편구제설을 주장하는 자는 이렇게 말한다. '기독교는 단지 하나님과 도덕에 대해 가르칠 뿐이다.' 라고. 그러나 기독교는 그 이상이다. 왜냐하면 기독교는 어떤 견해들이 아니라 하나님께서 역사 가운데 행하신 일들을 알리는 소식이기 때문이다. 이것이 우리를 하나님을 알게 하고 올바른 관계로 만들어준다. 예수님은 이런 역사적 사건을 이루기 위해 오셨다. 그러기에 타종교 지도자처럼 자기가 그 종교를 창시하고 신도였던 점과 다르다.

기독교에서 이런 역사적 사건 즉 동정녀 탄생, 죽음과 부활 등이 사실이 아니라면 그 기초는 없어지므로 모든 주장의 근거가 없어져 쑥밭이 되고 말 것이다.

이런 차원에서 사건 하나 하나가 건물의 주춧돌과 같다.

중요한 것을 살펴본다. 먼저 예수님의 신성이다. 예수님은 참 인간이며 참 하나님이다. 예수님이 탄생한 것은 역사적 문서로 확인되는 것이다. 타종교 어느 지도자도 인간의 범위를 벗어나지 못하였다. 또 죽음을 면할 수 있다고 주장한 사람도 없었다. 예수님은 자신의 신성을 여러 번 주장하셨다. 이 세상에 인간의 모습으로 내려오신 하나님이라고 한 것이다. 타종교의 예를 들어보자. 힌두교에도 화육신 이야기가 있다. 하지만 역사적 근거가 없는 신화적이며 일시적이다.

대승불교에서도 신자들이 고타마 부처를 신격화시킨다고 하지만 그것은 수세기에 걸쳐 이루어지고 있는 일이다. 본인들은 그것을 주장하지도 않는다.

나는 이 부분에서 기독교의 위대성을 본다. 다른 종교는 위대한 하나님 앞에 죽음을 가진 피조물의 관계로밖에 비교할 수 없다. 다음에는 영단번(once for all)의 속죄다. 이것은 예수님께서 성육신하신 목적이다. 곧 죄로부터 인간을 구원하기 위한 하나님의 길이 그것이다.

그렇기에 우리가 우리 자신을 구원하기 위해 노력할 필요가 없다. 이 점이 다른 종교와 또 하나의 차이점이다. 이제 예수님의 신성과 나를 죄에서 구원하였다는 것이 말 뿐 아니라 증명이 필요하다. 그 증거로 제시된 것이 예수님의 부활이다. 이 부활은 신화나 환상도 아니요 역사적 사실로 받아들여진다. 이 사실은 기독교의 독특한 특징이다.

을 재해석하여 검은 사단의 세력을 박살내는 장갑으로 여겼다. 그래서 그 장갑
을 오른손에 끼고 주먹을 쥐고 멋지게 사진을 찍었다. 아쉬움과 감사가 소리
없이 깊어만 가고 있었다.(99. 12. 17)

인터뷰 연습

잠이 오지 않는 밤이다. 내일이면 제자훈련을 마감하는 수료식이 있는 날이기 때문이다. 듣기에 수료식장에서 옥한흠 목사님은 이름이 특이한 사람을 불러 제자훈련에 대해 인터뷰를 하신다고 하였다. 혹시나 내가 뽑히면 어떻게 대답할 것인지 연습에 연습을 거듭하였다. 제자훈련이 내게 끼친 영향은 몇 가지로 선명하였다. 내용은 자신이 있었으나 여러 사람 앞에 나서면 떨릴 것이므로 어찌 대답할 것인지가 고민이었다. 할 수 없이 아내와 아이들을 침대에 앉혀 놓고 머리 빗는 브러쉬를 마이크로 여겨 연습에 연습하였다. 먼저 허리 숙여 인사를 하고 '안녕하십니까? 정천성입니다.' 할 것인가, 아니면 인사말을 하고 허리 숙여 인사할 것인가에 대하여 연습했다. 처음에는 가족들이 재미있어 깔깔대고 웃다가 몇 번 계속되니 지루하다는 듯 하품하며 자기를 원했다. 할 수 없이 나 혼자 연습은 계속되었다.

잠이 오지 않을 것 같았지만 내일을 위해서 잠자리에 들었다. 잠이 깊이 들지 않은 새벽이었다. 아내는 일찍 외출할 일이 있어 머리를 만지기 위해서 브러쉬를 찾았으나 제자리에 없으니 여기저기 찾느라 난리였다. 결국 내게 묻기에 위치를 알려주었더니 '연습하려면 다른 것을 가지고 연습할 일이지 왜 하필 브러쉬를 가지고 난리냐?'고 투덜거린다.

그래도 화가 나지 않는다. 내가 인터뷰에 뽑히면 멋지게 하면 되기 때문이다.

(99. 12. 18)

수료 예배

우리 제자반 형제들은 부부 동반으로 저녁을 같이 먹었다. 그리고 식장에 들어가 지정석에 앉았다. 조용히 눈을 감고 되돌아보니 제자훈련이 꿈결처럼 지나간 것 같다. 때로는 지치고 힘들었지만 모이면 새로운 힘이 생겼고, 바쁜 중에도 시간을 쪼개 과제물인 책을 읽고, 잠을 줄여가며 과제물을 작성하였고, 주말에 있는 친구들 모임은 거의 참석하지 않았다. 부모님이나 형은 제자훈련 적당히 하라는 말들도 했지만 모두 물리쳤다. 제자훈련은 훈련이기에 적당히 하는 것이 아니기 때문이었다. 하나님께서 건강을 주시고 또 매순간마다 인도하셔서 한 번도 결석 없이 수료하게 되어 어찌나 감사한지 콧날이 시큰하고 눈물이 쏟아질 것 같아 고개를 들고 숨을 죽였다.

제자훈련이 나를 얼마나 강하게 사로잡고 또 나를 변화시켜 나갔는지는 말로할 수가 없을 정도다. 그 중에서 가장 크게 영향을 끼친 것이 있다.

첫째는 그 동안 내가 안고 있던 열등감과 비교 의식을 날려보내 주어 새로운 신분 의식을 갖게 되었다. 이 부분은 너무나 크게 나를 변화시킨 부분이다. 제자훈련 받기 전에 나는 비교 의식으로 안으로 쪼그라져 있었고 또 열등감 때문에 자신감이 부족해 늘 뒤로 처지려는 경향이 있었다. 나 자신이 이것을 알았다. 고치고 싶었으나 쉽지 않았다. 그래서 늘 그 상태였다. 그런데 제자훈련 중에 목사님은 말씀을 구체적으로 적용시키는 훈련을 시키셨다. 하나님의 말씀이 막연하였다가 그 말씀이 바로 나를 향한 말씀임을 알게 되었다. 우리 제자반에서 흔히 서로 불렀던 말들 중 '우주의 황태자'나 '우주의 개선 장군' 또 '하늘나라의 전권 대사'라는 말은 나의 신분 의식에 의심 없이 적용되어 자부심이 생겼고, 나의 존재 가치를 알게 되어 나의 말과 행동에서 부정적인 요소는 사라지고 긍정적으로 '감사합니다.' '예, 열심히 하겠습니다.' 하는 형태로 변하였다. 그리고 남에게 기쁨을 주고 적극적으로 행동하게 되었다. 그래서 요즘은 사람들이 나와 같이 있는 것을 좋아하고 만나게 되어 반갑다고 하는 말을 자주 듣는다. 또 누구를 만나도 당당하고 그러기에 더 겸손할 수 있게 되었다. 어떻게 이렇게 나 자신이 변하였는지 스스로 생각해도 신기하고 감사하다. 바로 말씀이 내 안에서 역사한 결과임을 믿는다. 제자훈련 받기 전에는 말씀이 저 멀리 떨어져 있던 구름이었다면, 제자훈련을 통해서 그 구름은 비가 되어 나를 적셨고 또 눈이 되어 나를 감싼 것이라 믿는다. 이것이 말씀의 구체적인 적용임을 안다.

둘째는 아내로부터 존경을 받게 되었다는 점이다. 제자훈련 초창기에는 공부를 마치고 집에 돌아오면 아내는 아이들과 자고 있을 때가 많았다. 그런데 내가 배운 것을 나누고, 묵상 시간에 적용 방법을 구체적으로 가르쳐주고, 생활숙제를 충실히 해 섬겼더니 아내의 인식이 달라졌다. 나중에는 존경심이 생겼다고 하면서 목사님께 감사의 편지도 쓰게 되었고 제자훈련 공부를 마칠 때에는 차를 몰고 와서 밖에서 기다렸다가 나와 같이 집에 왔다. 성실한 운전 기사가 되어주었다. 아내에게도 감사하다.

셋째로는 잊혀지지 않을 꿈으로 이어지는 산책이다. 우리 제자반은 토요일 오후 5시 30분에 모여 식사하고 한 시간 가량 공부 장소로 제공된 형제의 집 근처에 있는 산이나 호수 또는 공원 등으로 꼭 산책을 나갔다. 제자들이 삼삼오오 몰려다니며 온갖 이야기를 다 하였다. 그것이 너무나 인상적이었고 또 매주 기다려지는 순서였다. 아마 앞으로 살면서 어려움을 만나면 이 산책이 떠오

새벽 안개가 자욱히 낀 바닷가에 한 사람이 서 있다. 어제부터 거기에 서 계셨던지 머리에 이슬이 맺혀 있고 안개에 옷도 젖어 있다. 그의 눈은 저만치 바다에서 고기를 잡으려고 애써 그물을 던지는 몇 사람에게 고정되어 있다. 그의 눈에는 곧 쏟아져 내릴 것 같은 사랑이 가득 담겨 있다. 귀는 그들이 허탕치며 내뱉는 탄식에 기울어져 있다. 그들은 밤새 그물을 던지느라 얼마나 애썼는지 지친 기색이 완연하다. 그러나 잡은 고기는 어디 있는지 한 마리도 보이지 않는다. 희망을 걸고 그물을 자꾸 던져보지만 매번 빈 그물만 끌어올린다. 실망만이 배에 가득히 쌓여간다. 이제 땀도 식고 튄 물에 젖어 한기를 느껴 몸을 부르르 떠는 사람도 있다. 배에서 간간이 흘리는 한숨소리만 차가운 새벽바람에 실려 사라진다.

어느덧 동녘하늘에 붉은 기운이 돋는다. 그들은 그물을 잘 추려서 마감하려고 한다. 그때 어디서 "애들아, 고기를 좀 잡았느냐?" 하는 소리가 들린다. 이어 "배 오른편에 그물을 던져라."는 소리가 따른다. 낯익은 목소리였다.

어느 새 안개는 엷어져 있었다. 그들은 해변에 서 있는 사람을 보며 직감적으로 예수님임을 알아챘다. 한 사람이 감격에 어려 "주님이시다."고 외치고, 한 사람은 "주님!" 하고 외치며 바다로 뛰어들어 헤엄치고, 다른 사람은 말씀에 의지하여 오른편에 그물을 내려 큼직큼직한 고기를 한 배 가득 잡아 해안으로 돌아왔다.

해안에는 주님이 벌써 불을 피워 빵을 구워 놓고, 생선이 오기를 기다리고 계셨다. 잡은 생선을 가져오라고 하여 구웠다. 그리고 밤새 고생해 지친 제자들에게 모락모락 김이 나는 따뜻한 빵과 향긋한 냄새가 나는 뜨끈뜨끈한 생선을 떼어주며 "어서 먹어라." 하셨다. 이 주님은 부활한 몸을 가진 예수님이었다.

모든 고통과 죽음을 이기고 찬란히 부활한 예수님이 제자들을 잊지 못하고 찾아오셨던 것이다. 조반을 먹으며 제자들의 가슴에는 이글거리는 태양보다도 더 힘찬 사랑으로 가슴이 타올랐을 것이다.

너무나도 인간적인 예수님의 그 훈훈하고 다정하고 넓은 가슴, 이 모습 하나만으로도 내 가슴은 감동이 화산처럼 폭발하였다. 더더욱 나를 감격케 한 것은 그 주님이 나, 여기에 앉아서 이 글을 쓰고 있는 정천성의 주님이라는 것이다. 이천 년 전의 예수님이 그 제자들만의 하나님이 아니요 오늘 이 시간 나의 삶의 한복판에서 친히 지켜보고 항상 삶을 인도하신다는 사실을 가슴으로 믿게 되었다.

를 것 같은 생각까지 든다. 그리고 그 추억이 새로운 힘을 줄 것이라 믿는다.

넷째로 목사님을 통하여 열심을 배웠고, 형제들을 통하여 뜨거운 우애를 맛보았다. 목사님은 몸이 불편한 때도 여러 번 있었지만 그럴 때는 더 열심히 강의하였다. 그 모습 속에서 제자를 향한 열심이란 바로 저런 것이로구나 하는 것을 보았다. 그리고 형제들과 서로 포옹하면서 서로 위로하고 격려하며 기도해 주던 모습이 아직도 가슴에 그대로 남아 있다. 형제들 한사람 한사람의 체온을 지금도 느끼는 듯하다.

또 개인적으로 수확이 있다면 과제물을 작성하는 데 나름대로 열심히 하였더니 원고지로 1,700매 가량의 결과물이 생겼다. 훈련의 부산물인 줄 알아 감사할 뿐이다.

더 말하자면 한이 없지만 여기서 여운으로 남기고자 한다.

옥 목사님의 인터뷰 대상자로 내가 선정되지는 않았다. 섭섭한 면도 있었지만 다행이다 싶었다. 왜냐하면 인터뷰 대상자로 선정된 사람들 모두가 제자훈련에 얼마나 열심이었는지 비교해 보니 도무지 비교가 되지 않았기 때문이다.

오늘 제자훈련 수료식으로 형식적인 제자훈련은 마감되었지만 예수님의 제자로서 훈련은 이제 시작임을 안다. 주님 앞에 설 때까지 더 열심히 스스로 훈련하며 살아갈 것이다.(99. 12. 19)

epilogue
EPILOGUE

제자훈련은 하나님께서 제게 준비해 주신 크나큰 선물이었습니다. 저에게는 말로 다할 수 없는 기쁨이었습니다.

제자훈련 받는 동안 내내 섬 집에 아기를 혼자 두고 바닷가로 굴 따러 간 어머니의 심정이 바로 제 심정이었습니다. 굴을 따면서도 아기의 얼굴을 생각하고 혹시 잘못되지는 않았을까 궁금해하고 또 보고 싶은 간절한 마음이 한시도 떠나지 않는 엄마의 마음이었습니다. 그래서 빠른 걸음으로 아기에게 달려가는 엄마의 그 마음 이해하십니까? 저는 한시도 제자훈련이 마음에서 떠나지 않았습니다. 훈련 기간 동안 불꽃처럼 살았다고 생각합니다.

제자훈련의 주 목적은 사람을 변화시켜 예수님의 제자로 만드는 것이라고 합니다. 따라서 이 제자훈련은 인생의 어느 한 시기에 1년 동안 받고 영원히 졸업하는 것은 아니라고 생각합니다. 이 세상을 떠날 때까지 받고 또 받는 것이라는 사실을 알게 되었지요. 왜냐하면 사람의 인격이 예수님의 인격에까지 다다르려면 평생이 걸려도 부족하기 때문입니다. 제가 감사한 것은 그래도 비교적 젊은 나이에 이 훈련을 받았다는 점입니다. 좀더 뜨거운 피가 흐를 때 제자훈련의 방법을 알았기 때문에 좀더 열심히 전진할 수 있었습니다.

제 인생에서 가장 큰 사건은 예수님을 영접하여 하나님의 아들이 된 것이고, 그 다음은 이 제자훈련이라고 생각합니다. 이 두 사건으로 제 삶의 가치와 새로운 비전을 향한 눈이 열렸기 때문입니다. 실로 제자훈련은 저에게 커다란 변화의 계기가 되었습니다. 성령님의 인도하심이 있었으며, 김헌 목사님의 열심이 있었습니다. 모든 과제물마다 일일이 체크해 주고 격려의 메시지를 적어주실 때 큰 힘을 얻었습니다. 그리고 하나님은 훌륭한 제자반 형제들을 저에게 붙여주셔서 늘 행복하게 훈련받고 많이 배울 수 있게 해 주셨습니다. 모두 모두 감사드릴 수밖에 없습니다.

이제 제자훈련을 마쳤다고 마음 상태를 풀지는 않겠습니다. 새로 시작되는 사역훈련에도 최선을 다할 것입니다. 이제 걷는 방법을 배웠으니 부지런히 연습해 뛰고 달리는 수준까지 가야 할 것입니다.

이 책은 저만의 것이 아니라 제자훈련을 받게 만들어주신 사랑의교회와 저를 지도해 주신 김헌 목사님 그리고 같이 훈련받은 형제들의 것입니다. 다시 한 번 고개 숙여 감사드립니다.

하나님께 두 손 들어 찬양을 올립니다.

편집 후기

편집 작업을 거의 마무리하고 저자의 사진을 촬영하던 날이었습니다. 갑자기 하늘에서 예고 없던 비가 내렸습니다. 푹푹 찌던 공기가 이내 시원해짐을 느낄 수 있었습니다. 내리는 비를 바라보며 우리네 인생도 이런 것이라 생각했습니다. 삶의 무게에 눌려 가뿐 숨을 몰아쉴 때쯤이면 언제나 하나님은 예고 없던 은혜를 내려주십니다. 마치 그 때만을 기다리고 계셨던 것처럼 말입니다.

이 책 「아프지도 말고 죽지도 말자」를 편집하는 동안 내내 '하나님은 멋쟁이다' 라는 생각이 머리를 떠나지 않았습니다. 인생 길에서 뒤뚱거리다 지친 우리를 발견하면 하나님은 '그래. 저 녀석이다!' 라고 큰소리 치는 분입니다. 큰소리에 놀라 당황하는 우리에게 이해 못 할 넓은 미소로 다가오는 하나님은 이내 우리를 가장 행복한 존재로 바꾸어 놓으십니다.

겨울에서 다시 겨울에 이르기까지 시간의 흐름에 따라 편집되어 있어 독자들은 제자훈련이 진행되는 1년이란 기간을 세밀히 관찰할 수 있을 것입니다. 또한 본문과 함께 편집해 둔 독후감과 설교 요약을 통해서는 제자훈련을 받는 훈련생들의 내면의 변화를 엿볼 수 있을 것입니다. 이 책이 작지만 제자훈련을 진행하는 목회자와 제자훈련을 받는 평신도 모두에게 확실한 도움이 될 것을 확신합니다.

하나님은 정말 멋쟁이십니다. 그분이 우리의 아버지라는 사실에 너무도 행복합니다.

편집자